永恆的懷念

錢思亮先生

百齡冥誕紀念文集

錢純　錢煦　錢復　敬編

立者(右至左)：思亮先生、父錢鴻業先生、伯父錢鴻猷先生
中坐者：思亮先生之祖父、祖母，立者(左至右)：思亮夫人、母親、伯母

民國二十三年攝於上海錢府　祖孫四代
坐：思亮先生祖母錢老太夫人
後立 (右至左)：思亮先生、父錢鴻業先生、母錢太夫人、錢夫人
前立：(右至左) 錢純、錢煦

民國二十六年攝於上海錢府祖孫三代
坐：思亮先生尊翁錢鴻業先生
後立：思亮先生及夫人
前立：(右至左) 錢純、錢煦、錢復

民國四十二年攝於台北市福州街二十號
思亮先生(中)，夫人(左二)及錢純(右一)
錢煦(左一)，錢復(右二)

思亮先生與教育部長程天放先生
(錢純夫人程琪之父)

思亮先生夫人與胡適先生

民國七十年攝於美國新澤西州錢煦家
思亮先生與胡夢華先生
(錢煦夫人胡匡政之父)

民國六十五年攝於台北福州街二十六號
思亮先生(左二)與
(左至右)錢復、錢純、錢煦

民國六十一年攝於紐約錢煦家
後立(左至右)：張彭、胡乃介、思亮先生、錢煦抱錢美恩、胡匡冀、童虎、虞華年
前坐(左至右)：Lawrence虞、田玲玲、童茵芝、胡匡政抱錢美儀、錢夫人、張初熙、李洛錦、Diana虞

民國八十四年七月攝於加州聖地亞哥城錢煦家
中坐者左起：錢煦、胡匡政、錢純、程琪、錢復、田玲玲抱孫聖安
前排立者左起：錢美恩、錢美儀、錢婉孫、錢美明、胡家琪、錢美端
後排立者左起：Steve Guidera、Leonard Busch、周凱英、劉吉人、錢國維、孫至德
前坐者左起：Jenny Guidera、Katie Guidera、Renee Busch、Kristan Busch、周立揚

民國八十四年攝於美國聖地牙哥
左至右：劉吉人、錢美明、錢純、
周立揚、程琪、錢婉孫、周凱英

民國九十年攝於美國加州聖地亞哥城錢煦家
前坐：Natalie Busch (左) Laura Guidera (右)
第二排左至右：Renee Busch、胡匡政、
錢煦、Jenny Guidera
第三排左至右：Kristen Busch、錢美儀、
錢美恩、Katie Guidera
後立左至右：Leonard Busch、Steve Guidera

民國九十六年攝於美國加州聖地亞哥城錢煦家
前排左至右：Steve Guidera、錢美恩、錢煦、胡匡政、錢美儀、Leonard Busch
後排左至右：Laura Guidera, Jenny Guidera, Katie Guidera, Kristan Busch,
Renee Busch, Natalie Busch

民國八十四年攝於美國聖地牙哥

左起：錢國維、胡家琪、錢復、田玲玲、錢美端抱孫聖安、孫至德

民國九十六年八月攝於台北晶華酒店

後排左至右：錢復、錢田玲玲、胡家琪（抱錢裕恩）、錢國維、錢美端、孫至德

前排左至右：錢裕揚、孫聖霖、錢裕亮、錢裕恆、孫聖連、孫聖安

目錄

歷任國立台灣大學校長、中央研究院院長

同　仁

學 生

親　友

家 人

附 錄

感謝

◎ **錢純、錢煦、錢復　敬誌**

公元二〇〇八（民國九十七年）年二月十五日（農曆正月初九）是先父百齡冥誕。我們非常感激中央研究院和國立台灣大學將於二月十九日舉行紀念會，並出版紀念文集。

這文集承中研院二位院長和台大五位校長、先父生前同事、門生故舊、親友賜寫紀念文章，並承「傳記文學」同意轉載吳故院長等四篇在先父去世那年寫的追悼文，以及「國立教育資料館」、「台大青年」等相關文章，集成一冊寶貴的書籍。我們家人也忝在書尾、表達我們感恩思念之意。

我們非常感謝世界科技出版社（World Scientific Publishing）主席及總編輯潘國駒博士的鼎力支持，和監察院李參事宗義先生及WSP駐台經理黃鳳嬌女士在編輯方面的重要貢獻，使這本書能順利出版。

我們敬此向各位恭致最誠摯的謝意。您們在先父百年冥誕賜給最珍貴的禮品，使先父對學術教育的貢獻有長遠的史蹟記載，使我們及下代後世能有永恆的懷念、尊敬和追憶。

二〇〇七年十一月

錢思亮院士行誼

◎ 中央研究院

錢院士思亮先生，浙江省杭縣人。父謹庵公，法界耆宿，民國初年任大理院推事，鑑空衡平，以清慎著稱。母徐太夫人，備德而善處貧，實有以相之。民國紀元前四年正月初九，先生誕於河南淅川，幼穎異而黽勉好學；民國十六年畢業於天津私立南開中學，考入國立清華大學理學院化學系，既卒其業，獲理學士。二十年赴美，入伊利諾大學化學系深造三年，先後獲理學碩士及哲學博士學位。二十三年六月返國，八月就聘爲國立北京大學教授。二十六年，抗戰軍興，隨校遷湘，受聘爲國立長沙臨時大學教授。臨大既遷昆明，改稱國立西南聯合大學，先生隨之西遷，絃誦弗輟。迨抗戰勝利，重返北京大學任教，並兼化學系主

民國六十七年生日攝於台北

任。三十八年二月，應聘爲國立台灣大學教授兼教務長。四十年三月，接任校長，五十三年當選中央研究院院士。五十九年六月，轉任中央研究院院長。其間自六十年十二月至七十年六月，兼任行政院原子能委員會主任委員。

先生主持國立台灣大學校務既近二十年，於師資之慎攬，設備之擴充，系所之增設，教學之改進，莫不周諮竭慮，規劃精詳。理學院化學研究所首自五十五學年度增設博士班，其後文法工農醫五學院師資設備條件已備之研究所亦相繼增闢；並與國外著名大學如美國華盛頓、加州、密西根州、哥倫比亞、杜克諸大學進行學術合作，交換學生，既遴薦教師赴美進修；又與各有關機關或公營民營企業機構辦理建教合作，接受委託進行各項專題研究計畫。與中央研究院、國立清華大學、成功大學、交通大學、台灣省農業試驗所分別合辦數學、物理、化學、生物、工程、農業各研究中心。更分洽國內外各文教機構或基金會謀取合作，凡歷屆畢業生之資優而有志出國攻讀者，嚴加甄選，寬給補助，明定其進修年限及期滿返國服務辦法。台灣大學之人才輩出，國際聲譽之鵲起，實奠基於是。

至於各院系所教學實驗之專館，或請政府列撥經費，或洽外界補助，賴以次第興建，並充實設備。於安定學子生活，則增建男女學生及僑生宿舍，善用獎學金助其膏火；於一般教學研究，更添置大量圖書儀器標本，出版各項學術期刊專刊，胥燦然大備。而化雨勤濡，春風廣被，其沾溉所及，今日歟歷內外迴翔海宇之士，類能言之，夫豈偶然哉！

既繼掌中央研究院，此乃我國學術研究最高機關。本其法定任務：從事科學及人文研究，指導、聯絡及獎勵學術研究暨培養高級學術研究人才。先生陳力益肆，規模益拓，蓋民國三十八年自大陸撤遷來台之初，僅歷史語言研究所、數學研究所之人員設備得以及時遷出，後經歷任院長之策劃，政府之支持，先後擴充至研究所十四。其中於先生任內完成設所者計五所。爾後更籌備增設三研究所，生物醫學科學、統計學、原子與分子科學；又

民國七十一年舉行第十五次院士會議，出席人數爲歷屆最多一次，也是思亮先生最後一次主持。（中央研究院近代史研究所提供）

綜合研究室一，屬於分子生物學，俱設有籌備處。於引進最新科學，三致意焉。

民國六十九年，復釐訂五年發展計畫，七十年度首付實施。就既有基礎進以拓展，於著重基本科學研究而外，益儘量兼顧應用科學，期於國家當前經濟建設若干實際問題有所助益。而於促進國際學術交流，與國內各大學聯繫合作，協助其教學，亦所措意。

方先生到院接任之始，五十九年秋間召開第九次院士會議，出席諸院士咸以爲國外學人，有志返國者漸多，院方當儘量羅致，儲備國用。而國外院士一致樂爲國家學術發展貢獻心力。是以各院士歸國指導研究，舉辦專題討論者，年有其人。七十一年舉行第十五次院士會議，出席人數，爲歷屆最多之一次。蹡蹡蹌蹌，極一時之盛。

先生平生心願，厥爲研究與教學，尤專注於有機化學，早年所撰論文多篇，分刊於國內外學術雜誌。近三十年於國家文教發爲宏論，則散見各報刊。嘗自言：自接掌台灣大學而還，以校務繁劇，再難續其平居之教學研究，深引爲憾。然可自慰者，繼長台大近二十年期間，目睹歷屆畢業生離校就業，或繼續深造，多斐然有成；而俯仰庶乎無愧，得天下之英才而教育之，是孟子所云君子三樂，或得其二焉。

先生稟性溫厚，訥言敏行，臨財廉，處事敬，樂善而忘勢。與之接，語娓娓不倦，休休然有容；而高明柔克，剛亦不吐。昔孔子自云：「若聖與仁，則吾豈敢!」而詡「仁者其言也訒」，先生蓋有之矣。

中歲體健貌豐，然積數十年之勞瘁，漸嬰糖尿諸症，亦不深以爲意，夙夕在公，不遑將息。七十二年五月，赴西德答其科學院院長佛蘭克氏之來訪，旋往美國各地舉行院士分區座談會，身心交僨。適其母校伊利諾大學決定授予名譽科學博士學位，順道趨與盛典，親受頒贈。此一名譽學位，世界各國與選者凡十餘人，入決選者三人，先生獨膺殊榮，伊利諾大學畢業國人中，先生蓋第一人也。在美事畢，六月十六日歸國，行裝甫卸，即力疾回院視事，二十二日晨，終感不支，乃退公入院療治，兩月之間，三度心肌梗塞，心力衰竭，幸醫護得宜，旋見平復。九月十五日午後六時，病情轉劇，急救罔效，至六時四十分，溘然長逝，十月三日殯於台北市郊陽明山墓地。先生之喪，朝野同悲，不僅士林震悼也已。

夫人張婉度女士，仙逝於民國六十五年初，尊岳張魯恂先生昭芹，爲當代詞宗，夫人涵濡有自，淑愼溫恭，相夫以道，課子有方。子三：長純、次煦、幼復，皆畢業於國立台灣大學，繼負笈美國深造。長公子治經濟學，曾任中央銀行副總裁、財政部部長及行政院秘書長；次公子習醫，現任美國加州大學總校區生物工程研究院院長暨聖地牙哥校區總校生物工程及醫學教授；三公子攻政治學，曾任北美事務協調會駐美代表暨監察院院長。諸媳婦皆出名門：長媳程琪，次媳胡匡政，三媳田玲玲。孫男國維，先生病中，常侍榻畔，媳胡家琪。孫女五：美明、婉孫、美儀、美恩、美端。孫婿劉君吉人，周凱英，Len Busch, Stephen Guidera, 孫至德。曾孫男三，曾孫女一，外曾孫男二，外曾孫女八。芝蘭玉樹，競秀庭階，先生之厚德載福，世尊羨之。是明德之後，宜有達人，於斯益信。綜先生一生，獻身教育學術垂五十年，而潛心銳志，生死以之。今大雅云亡，典型猶在，謹撮其志業之尤偉者，爲述略。如先生者，其盛德殊烈必著於竹帛而永傳後世也。

歷任國立台灣大學校長、中央研究院院長

憶念與致敬

◎ 虞兆中

台灣大學第五任校長錢思亮先生自40年3月到任至59年6 月辭離，在職十九年又四月，是歷時最久的校長。

大家對錢先生印象最深刻的是，他樹立了「聘任資格審查委員會」（簡稱爲聘審會，現爲教師評審委員會）的權威。記得他出任校長不久，聘審會否決了二位有名人士的聘任案。其中一位還是他的親戚。他尊重該項決議。此舉獲得教授同仁一致的欽佩。聘審會的組織是這樣：教務長爲主席；各院院長爲當然委員；各院教授二人爲委員，其中一人由各該院出席校務會議的教授互選（票選）產生，另一人由校長推薦，而錢校長卻將各院教授互選得次多數票的教授作爲他推薦的人選。由此可見他對教授同仁授權的程度。至於聘審會的運作，則有這樣的特色：對於提聘案如有一位委員提議投票，可不必作任何說明，便須以無記名投票方式決定。對於所有否決案，亦須同樣經投票程序。這種充分尊重委員們自由意志的作法，過程嚴謹，增強了委員們的責任感。所以這一聘任制度的執行深爲全校教師同仁所認同與維護。台大的校長亦從此解除了八行書的困擾。我認爲這件事可說是台大教授治校的濫觴，而竟由當時的校長錢思亮先生所主導建立。非常的難得。

錢思亮先生對學校另一項重大貢獻是營造了雍容大度的台大文化。錢先生爲人溫和、誠懇。儒雅的氣質自然流露。他說話緩慢，鮮有激烈的言論，而且實話實說，不爲做不到的事掩飾，不排斥不同的意見，不搞派系圈圈，使同仁彼此尊重，培養了校園祥和的氣氛。在任何會議場合，同仁們可以暢所欲言，爲一事不妨意見紛陳，爭而不吵，無不保持君子風度。我幾乎未曾發現同事有對這種氣氛不喜愛珍惜的。台大同仁普遍對學校懷有高度向心力，便是這樣形成的。

我在錢校長任內的46學年度，開始擔任土木工程學系的行政工作。有感於提昇學術研究的重要性，就著手籌設研究所。當時工學院名義上設有電機工程研究所，但從未招生。所以對這項突破性的計畫，院方鑒於現實條件，提示我們要面對三個不能：一不能增添教師名額，二不能增加經費，三不能妨礙大學本科的教學。不過錢校長卻一再地表示，土木研究所一但成立，便享有已設研究所的同等待遇。研究所終於在49學年度設置招生，51年6月有了首屆碩士班畢業生。我於這項自訂的任務達成後，即向學校請辭系所主任兼職，同時建議院系行政職務的任期制度。與錢校長面面談時，對於我所談院系所主任任期制度的一籮筐道理，他四兩撥千金的一句話「任何制度有優點也有缺點」，作了回應。錢先生除了誠摯的態度感人外，他的扭功也是不易抗拒的。就這樣我的主任兼職延續了三年。到了54年，我下定決心，再度請辭，先後給錢校長十二封信，他亦回了我十一封信，加上幾次面談。最後他以「兼任行政職務請假」的方式讓我先請假一學期，而後再續假一學期，然後才同意我的辭職要求。所謂「兼任行政職務請假」該是錢校長臨時想出來的奇招，因爲就我所知，既無先例亦無後例。可見爲了我的請辭，他著實費了一番精神，我至今猶有歉意。對於他的厚情更衷心銘感。

民國70年7月20日政府發表我出任台大校長，21日下午接到聘書，次日清晨我往訪錢思亮先生向他請教，蒙他允我所請，將參加以後學校的重大慶典和活動。錢先生對於這項承諾信守不渝。在我的三年任期內，歷次的校慶典禮、畢業典禮、春節茶會、教師節茶會等場合，他一定翩然來臨，從不缺席。同仁們和同學們也因此常有機會，對這位風範感人的前任校長，表示敬意。

作者於民國七十至七十三年任國立台灣大學校長

本文原係虞兆中先生於民國八十四年十一月二日台灣大學爲祝賀五十週年校慶，舉辦「台大與我」演講系列，應邀在思亮館國際會議廳作首場演講中的部份內容，虞先生因年邁體弱難以執筆，特檢出此文囑納入紀念文集。

民國四十二年思亮先生攝於溪頭營林區紅檜巨木前
（國立台灣大學理學院提供）

民國四十二年夏天思亮先生視察台大溪頭實驗林，與營林區管理處員工於紅檜巨木前合影。（國立台灣大學理學院提供）

不代善不施勞
的錢思亮校長

◎ 孫震

國立台灣大學的前身台北帝國大學創立於1928年3月17日，1945年也就是民國34年8月中國對日抗戰勝利，政府接受台北帝大成立國立台灣大學。

自從民國34年11月15日台北帝大正式移交至今，62年之間，台大歷經10位校長，錢思亮校長是第五位。錢校長自40年3月出任校長，至59年6月1日轉任中央研究院院長，擔任校長逾19年，是台大任期最久的一任校長，對台大校園建設、教學與研究的發展，以及獨立、自主與自由精神的孕育有很大的貢獻。

在台大的10位校長中，不論後來的校長有多少建樹，對台大邁向世界一流大學有多少貢獻，最常爲人稱道的都是傅斯年校長。一方面由於傅先生學問淵博，而且是中國古史研究的宗師，爲人正直無私，行事果決，不畏權勢，是政治領袖的畏友，早在大陸時期即已久享盛名。然而更重要的是他爲台大建立制度，決定台大教育發展求真求善的方向，以及帶領校園自主、學術自由的校風。傅校長舉行台大第一次校務會議，形成重大校務的決策機制；制定教師聘任資格審查委員會，使台大教師延聘重視學術成就，杜絕關說倖進；舉辦第一次新生入學考試入闈，憑考試成績錄取學生，不僅爲台大也爲後來全台灣高等教育學府新生入學建立公平的制度。

傅校長以前的三位校長，都因經費困難和地方政府的行政干預，校務推展不易，未能久任。當時台大的經費由台灣行政長官公署核撥，因此行政長官對台大人事頻有主張，造成學校困擾。到傅校長時期，台灣的行政首長已換成由陳誠擔任台灣省政府主席，不久中央政府遷台，蔣中正總統在台灣復職，傅校長在大陸時期，雖常評論時政，不留情面，但素爲政府首長敬重，因此他的種種興革建設較能得到政府支持，爲台大後來的發展奠立堅實的基礎。

傅校長於39年12月20日以腦溢血去世，政府原屬意胡適先生接任台大校長，但胡先生推薦錢思亮先生。錢先生於38年1月隨傅校長來台，擔任台大化學系教授兼教務長，是傅校長的老友，也是他的得力副手，由錢先生接任校長可說最順理成章。

我於41年暑期考取台大經濟系，9月入學成爲台大的「新鮮人」。那時候我們並無機會近距離和錢校長見面。新生入學訓練遠遠看錢校長，覺得是一位和藹可親的老人家；其實錢校長那年只有44歲。他於40年出任校長，是迄今爲止台大最年輕的校長。我在台大經濟系讀完學士讀碩士，做了7年學生，從來沒有和校長面對面見過面，更不必說單獨相見。我也不覺得有什麼事需要求見校長，學校安排好各種制度，正像孔子所說的：「天何言哉，四時行焉，百物生焉。天何言哉。」《論語．陽貨》

和傅校長的性格剛強、滔滔雄辯比起來，錢校長爲人謙沖溫和，不與人爭，也不與人辯。台大校史稿說他「平常以校爲家，以公爲先；對於功績，不重宣傳，對於謠言，不重辯白。」從台大到中央研究院一直擔任他秘書的那廉君先生在一篇文章中說：「因此錢先生在台大校長任內，凡事無法不躬親，十九年來如一日。他在一天二十四小時之內，除了人生每天必有的節目外，全部精力用之於學校，所以他除去辦公之外，簡直沒有什麼嗜好，因爲嗜好必須有時間……。」(那著《台大話當年》)，錢校長是一位「訥於言、敏於行」的君子，他像春天的和風、冬日的暖陽，又像一位「無智名、無勇功」善戰的將軍，帶領台大在艱難的環境中穩定發展，使台大在他手上成爲一所世界知名的大學。

錢校長初掌校務時，台大只有3,400多個學生，到民國59年他辭職轉任中研院院長時，增加到11,100餘人，其中研究生695人；在這19年中，研究所從6個增加到38個，其中125個設博士班。

經過光復初期的重建，民國40年代台灣開始有計劃的全面發展經濟。50年代發展策略從進口代替轉爲出口導向，經濟開始起飛，但台灣經濟大致仍處於落後狀態，就業機會少，人均所得低，研究所階段的水準也較難與先進國家名校相比。因此台大畢業的學生紛紛出國深造，主要集中在美國，取得高級學位後，大都繼續留在國外工作。當時流行一句話說：「來來來、來台大；去去去、去美國」。可是當我們將青年教育成國際水準，他們就會在國際市場尋找機會，我們就必須和其他國家一起競爭自己的子弟。我們究竟該高興還是要抱怨？民國70年代台灣開始發展科技產業，國內高等教育規模擴充，教學與研究水準提升，過去多年在國際累積的高級人力紛紛返國，參加國內的生產與教研行列，於是舊日的負債成爲今日之資產。

我記得我擔任校長期間，有一年到美國舊金山參加一項環太平洋公立大學校長會議（Pacific Rim Public University Presidents Conference），我國教育部駐美西代表劉定一學長（外文系）爲我安排了一場盛大晚宴，出席的都是北加州高等教育界的重要人物，我致辭時說「台大校友在美國大學和研究機構服務者衆多。」稍加思索後又補充說：「我還想不到任何一所美國著名大學沒有台大校友任教。」

不但美國高教界，在我擔任校長時期，台灣多所著名大學的校長也都是台大校友，例如清華大學的毛高文校長、劉兆玄校長和後來的沈君山校長，交通大學的郭南宏校長、鄧啟福校長。香港科技大學初成立時，我有一年去訪問，校長爲我邀請了在該校任教的台大校友座談，一時來了20多位，看年齡大部分應都是錢校長時期的同學，他們在學術上卓然有成，爲母校爭光，我覺得與有榮焉然。

在校園建設方面，早期三位校長經費困難，少有餘力興建校舍。傅校長時期，台灣政治局面漸見改善。傅校長聲望高，和政府關係好，大概常找政府要錢。我在那廉君先生的文章中看到，當時的省府主席陳誠說他最怕山東兩位老虎；一位指傅校長，另外一位我猜是說王叔銘將軍。

傅校長在短短的1年11個月中，蓋了不少學生宿舍，解決學生住的問題。在教室方面，據我所知，他只蓋了三間「臨時教室」，在一進校門口左手邊，隔著椰林大道，對面是帝大時期所建的一號館。我唸大一時幾乎所有課程都在這三間大教室上，有很多美好的回憶。在我記憶中，只有英文在距離校門口遙遠的「普通教室」，從大門口進來順著椰林大道走，左轉上小椰林大道，右手邊跨過一條小溪才到；如今溪水和建築早已不見。我記得開學第一堂課就是英文。我拿著新生入學手冊，找了兩處教室都不對，在9月的艷陽下，走得滿頭大汗，結果遲到20分鐘。當我怯生生地走進教室時，虞爾昌老師正在用英文講「If I were a freshman again」，全班20多位同學的眼光都看向我，讓我尷尬萬分。

「普通教室」是錢校長於民國40年所建，每間教室都很小，利於小班教學。那時候台大這一帶還很荒涼，可算是學校的邊境，如今則是工學院的核心地帶，再過去則是電機學院和即將搬遷過來的法律學院和社會科學院。這三個學院在我們那個時代分別為工學院電機學系和位於徐州路的法學院。

錢校長時期的校舍建設主要沿著兩條道線。一條順著椰林大道既有的建築向前發展，包括右手邊的森林系館和醫療中心，以及左手邊現為土木系使用的工程館和學生活動中心。這些建築的重大意義在於延長了椰林大道，使這條台大主街（main street）更為壯觀。我任校長時期，在這條主街盡頭興建起一座全台灣規模最大、功能最先進的總圖書館新館，由於工程浩大，到陳維昭校長時才落成啟用。另外一條是運動場東側的體育館和游泳池。體育館建成後，成爲台大最大的室內活動場所，多年來學生畢業典禮都在這裡舉行。我任校長後期規劃興建一座可供國際競賽使用的現代化體育館，在陳維昭校長時期興建完成，如今矗立於運動場南側，是台北市第一座小型「巨蛋」。錢校長繼續興建多座男女生宿舍，並拆掉「臨時教室」，在原地興建三棟造型別緻的「洞洞館」。

錢校長在台大校園建設方面尚有一項重要貢獻少爲人知，就是將台大校園發展成全國聞名的「杜鵑花城」。台大校園並非一開始就像今天這樣花團錦簇。在我做大學生時期，椰林大道兩旁只有高大單調的大王椰，很多樹幹還有戰時留下來的彈痕，很難讓人與美麗校園聯想在一起。錢校長時期經過本校自購和多次校外贈送不同品種的杜鵑，由園藝系設計，種植於椰林大道兩旁椰樹之下，形成快車道與兩旁人行道的分隔島花圃。台大的杜鵑花品種甚多，五彩繽紛，爲台大贏得「杜鵑花城」的美名。前台大中文系教授、曾任訓導長、中文系主任、文學院院長，現任教於世新大學的黃啟方教授，在其最近出版的新書中有一聯詩句，於我心有戚戚焉:

「當年意外來翠谷，幾日夢回杜鵑城。」

翠谷指他現在任教的世新，杜鵑城指台大。啟方兄自母校退休後，應牟宗燦校長力邀到世新任教，並先後擔任人文社會學院院長和共同課程委員會主任委員。牟校長和他的前任成嘉玲校長都是台大經濟系晚我數屆的校友。

我初任校長時，感於椰林大道缺少可以阻隔烈日的行道樹，請當時的總務長黃大洲教授在大王椰下杜鵑花圃栽植樟樹，經過悉心照顧，如今早已綠樹成蔭。我記得大洲兄任台北市政府秘書長時，每於下班後回到母校察看。他有次給我電話叮嚀，颱風將至，支撐樟樹的木架應抬高，以免尚在幼齡的樟樹爲風摧折。又有一次他來電話說發現校園某處林木有蟲害，他想派人來噴藥。大洲兄在台大晚我兩屆，我們這批老學生不論身在何處，對母校都事事關心。

我第一次單獨見錢校長要等到民國53年，這時我已畢業多年在經濟系當講師，台大與美國傅爾布萊特基金會合作，選派歷史系和經濟系的年輕教師到美國大學進修，我被安排到中西部的奧克拉荷馬大學 (The University of Oklahoma 或 Oklahoma University)。我求見校長，希望改派到別的學校。校長說時間已來不及，不過台大和密西根州立大學有交換關係，問我願否到密西根州大。但家叔同勛亦在同一計畫被派到密西根州大，我如同去一校，天天在一起講國語，可能永無學好英文之日，所以決定仍到奧大。

我和錢校長有稍多的接觸是在錢校長任中央研究院院長時，我借調政府服務，有一段時間兼任中央研究院中美人文與社會科學合作聯合委員會 (The Joint Council on Sino-American Cooperation in Humanities and Social Sciences) 的委員，爲了籌備會議，接待賓客，須向錢院長請示。這才發現他思慮周密，雖然學術和行政地位崇隆，但對一些事務細節也十分注意。有一次他親自查看席次安排，並且叮嚀我親自看過請柬方可寄出，以免發生差錯。

錢校長凡事認真負責。我注意到他讀演講稿有時發生小錯誤，其實沒有人注意，但他一定將相關的句子清清楚楚再讀一遍。我聽說錢校長在國外訪問時，如果準備的演講今天沒講，明天再講，當晚一定再複習一遍。錢校長擔任台大校長19年，中央研究院院長13年，帶領這兩個全國麻煩最多的最高學府和最高學術研究機構，穩穩當當、風平浪靜，絕非偶然。當然他30多年的辛勞也由此可以想見。民國72年5月，錢校長應邀到西德訪問，繼而轉赴美國他的母校伊利諾大學接受榮譽學位，然後在美國各地訪問院士，前後歷時46天，煩忙勞累，返國第二天即上班處理公務，竟積勞成疾，於9月15日逝世!

錢校長26歲獲伊利諾大學博士學位，他一生服務於我國教育界和學術界，可以說「鞠躬盡瘁、死而後已」。他爲人謙和退讓，行事謹慎低調，不伐善、不施勞。他受人尊敬，久享盛名，可以說是「溫良恭儉讓以得之」，讓台大的老學生嚮往不已。

作者爲台灣大學名譽教授、校友總會理事長
於民國七十三年至八十二年任國立台灣大學校長
畢業於台大經濟系（民國四十五年）

無題

◎ 郭光雄

約3個月前，在某個球敘的場合，錢復先生爲紀念其先翁錢思亮先生之百年冥誕，出專集而邀我寫點東西。我實在有點受寵若驚，不加思索，一口答應，果然隔不到2星期，就正式收到其昆仲共同具名的邀請函。2個多月的時光中，不知有多少次提筆，寫了不知多少紙張，總無法完稿，除本人文筆不佳外，乃因錢思亮先生是我一生中最爲敬佩之人物，怕稍有不慎，而有所冒犯。本人敬佩他老人家，不是因爲我的畢業證書上校長之署名是他老人家，也不是我之中央研究院學術諮詢委員聘書是他老人家發的，而是因爲某些機緣，對其有所瞭解，由衷產生之敬佩也。

我在民國49年進入台大，最先聽到的傳聞是有關傅斯年先生的故事，雖然傅園就在一號館的旁邊，動物系就在一號館內，不知爲何，傅斯年先生對我而言，至今仍是那麼陌生。那時動物系內另有一種傳聞，是有關廖一久學長的故事，也關連著錢思亮校長。當時在台大校園充滿著學術自由的氣息，對我由南部上來的土包子而言，是具有很大的震憾力的。大家都說，在強人統治的強權政治下，若非是錢思亮先生當校長而有所堅持，是做不到的事，確實如此，廖一久先生的故事是一個很好的印證，自那時起錢校長就給我一個很深刻的印象。我於民國61年學成回母校服務，錢校長已是中央研究院院長了，無緣認識他老人家，心中不無遺憾，民國70年本人有幸當選十大傑出青年，並獲得行政院科技獎，進而獲聘爲中研院動物所之學術諮詢委員。從而在某些場合得能陪錢院長接待外賓，開始與他老人家有了直接的接觸，可以受到其教誨，那時的我如沐春風，心中有無限的喜悅。不幸他老人家在民國72年9月15日逝世，自此僅能追憶其音容矣。所幸，民國73年8月我當了理學院院長，而羅銅壁先生爲紀念錢校長將理學院大樓命名爲思亮館，該館在民國73年初啟用，在院長室之隔壁成立錢思亮紀念館，陳列著他老人家生前使用之各種文物，我也因此可以時常閱覽，得益不少，也因此先後認識錢煦院士、錢純部長及錢復院長三兄弟，真是虎父無犬子也。錢思亮先生有很強的記憶力，在美求學，成績優異，並不是全A而已，而是全A$^+$，而其公子錢復先生的記憶也奇強，錢思亮先生的爲人謙虛，待人誠懇，在錢復先生身上也可以看到這些影子，學生物的我而言，僅能說好的顯性基因遺傳到下一代，真是得到老天的眷顧也。錢思亮先生的三位公子中，我與錢復院長較熟，接觸也相對較多，當然瞭解也較深。其實，錢煦院士及錢純部長之成就亦是相當高，真是一門三傑，不知是幾代積下的陰德，才能有如此的福份，真令人敬佩，而非羨慕也。

東方有點泛白，同時心中也無墨水可擠了，再不停筆也不行了。希望以上雜亂的陳述，能博君一閱，並聊表對錢思亮先生思念與敬佩之意也。

民國九十六年九月二十七日深夜寫於寓所
作者於民國八十二年一月至六月任國立台灣大學代理校長
畢業於台大動物系（民國五十三年）

民國五十年三月三十日台大十週年校慶，思亮先生夫人
與魏火曜院長(圖左)、高天成院長(圖右)合影。
（國立台灣大學醫學院附設醫院提供）

民國五十年五月廿三日，思亮先生率團訪問南韓高等教育，
在韓國 Kim Hong Il 部長辦公室留影。
(國立台灣大學理學院提供)

無爲與包容

◎ 陳維昭

自從1958年考進台灣大學，1965年畢業，在校七年期間，除了新生訓練、一次校慶、畢業典禮，以及大一、大二在校總區修課期間，偶而有機會看到錢校長在校園走動的身影外，畢業至今幾乎沒有近身接觸的機會。也因此，談到錢思亮校長，浮現在我腦海中的還是學生時期所見的慈祥和藹、胖胖身材的影像。

不久前在翻閱台大醫學院爲慶祝四十週年慶而出版的「楓城四十年」時，看到幾場座談會的記錄，大多數醫學院的老師們在談到醫學院的發展歷程，總是會提到傅斯年校長的貢獻，讓我心中難免有所感觸。心想，傅校長的建樹與貢獻固然不容質疑，但傅校長擔任台大校長，不過一年十一個月，傅校長的遠見、魄力，如果沒有人來爲他實踐、落實，又怎能成就今天的台灣大學，今天的台大醫學院。而其中最重要、最關鍵的應該就是接續傅校長擔任台大校長十九年餘的錢思亮校長了。俗話說「新官上任三把火」，擔任校長十九年期間，錢校長大可以提出他個人的新理念、新政策，但顯然錢校長並沒有這樣做，對這個情形，民視新聞網“台灣筆記”有一段相當貼切的敘述：「面對傅斯年將北大的自由、反省、批判風氣帶進台大校園後，一九五〇年代政治肅殺的時刻，台大需要的不是改變，而是培養、呵護」，又說錢校長「以他的無爲與包容，維持了這株尊貴的傳統，使當年的台大成爲台灣自由主義的保護區」。錢思亮校長最受人敬佩的就是這種無爲與包容的胸襟與氣度。

1949年5月10日政府頒佈「動員戡亂時期臨時條款」，同月20日零時起台灣全省進入戒嚴，這就是1951年3月錢校長就任台大校長的政治環境，在職期間發生了彭明敏被捕和殷海光的被迫離校，錢校長雖然無法阻止彭明敏教授的被捕，對教育部三番兩次脅迫殷海光教授離開台大，則以聘約未滿仍爲台大教授爲由讓其繼續留校，聘約期滿後又繼續發聘。直至1969年因胃癌病故，殷海光教授並沒有真正離開台灣大學。錢思亮校長妥協中有堅持，在異常嚴峻的政治情勢下，以他的無爲與包容，維護台大的精神與傳統。

對於台大的精神傳統，錢校長還有兩項重要的貢獻，就是校訓的確立以及校歌的制訂。「敦品力學、愛國愛人」是傅斯年校長在民國三十八年第四次校慶紀念會演說中勸勉學生的訓示，其後錢校長在幾次爲學生畢業紀念冊題字時總以「敦品勵學、愛國愛人」來勉勵同學。1964年更在題詞之後加上「錄台大校訓與同學共勉」的字句，逐使「敦品勵學、愛國愛人」從此成爲台大人永恆的訓示。校歌則是由時任文學院院長的沈剛伯教授創製，趙元任先生譜曲，而於1968年12月正式公佈，誠如柯慶明教授在「台大精神與其經歷」所闡釋，校歌歌詞除了彰顯台大「十年樹木、百年樹人」，人才濟濟的盛況外，更暗喻著台大人堅定不移的立志、奮鬥不懈的踐履、天空海闊的胸襟，以及「世事洞明、人情練達」的智慧。校訓與校歌可以說是維繫與傳承台大精神傳統的兩大重要支柱。

不過錢思亮校長最讓人懷念、景仰的還是他的人格風範與行爲作風，錢校長是在政治戒嚴、社會動盪、民生困苦的大環境下接任校長，一方面要力謀台大的安定、發展，一方面要維護大學的自由、自主，所憑藉的就是他的人格、他的態度。張德溥總教官追隨錢校長，彼此有相當密切的互動，在他傳記文學“折戟沈沙”一文中對錢校長的描述：「溫文敦厚的學者、坦誠而開明、博學而謙虛、觀念開通、做法公開，沒有任何違背政府的傾向，雖辦學自由，卻沒有參與政治鬥爭的氣息」。我想，錢思亮校長所堅持的行爲態度和樹立的人格典範是他留給台大人最珍貴的資產。

作者於民國八十二年至九十四年任國立台灣大學校長
畢業於台大醫學院（民國五十四年）

民國五十三年四月廿九日思亮先生迎接陳誠副總統(右一)，
爲台大農業陳列館開幕剪綵

(國立台灣大學理學院提供)

民國五十九年五月台大學生歡送思亮先生，六月他將轉任中央研究院院長。

(國立台灣大學理學院提供)

廣大與崇高

紀念錢校長思亮先生百歲誕辰

◎ 李嗣涔

民國三十八年一月，錢思亮先生應傅斯年校長之邀，擔任國立台灣大學化學系教授兼教務長。三十九年十二月廿日，傅校長猝逝。次年三月，錢先生繼任校長，直到民國六十年，總統敦請他出任中央研究院院長爲止，前後主持校務二十年，是國立台灣大學任期最長的校長。

回顧當年，風雨飄搖，百廢待舉，傅斯年校長又是舉世公認「元氣淋漓」的磐磐大才，所謂「盛名之後，難乎爲繼」，錢先生接下這副千鈞重擔，確實需要過人的勇氣與能力。而他也不負衆望，以沈著內斂的態度，帶領全體師生員工因應時代變革，在前人的基礎上實事求是，穩健發展。台灣大學能有今天的地位，錢校長功不可沒。

余生也晚，未能親聞謦欬，但大學四年卻有幸浸潤在錢校長苦心經營的學術氛圍。記憶中那樸實無華的校舍，孜孜不倦的師生，勤勉的員工，甚至牆角的一草一木，都彷彿蘊含無窮的生命力，煥發出剛健篤實的光輝。傅斯年校長引述斯賓諾沙的名言「我們貢獻這個大學於宇宙的精神」勉勵台大師生；錢校長則以他無比廣大的包容力與耐心，一點一滴加以落實。台灣大學在早期的艱困歲月中，能有傅校長高舉追求真理的大纛，又有錢校長淵淵大度從容肆應，台大人真是何等幸運！

胡適之先生有言：「爲學當如金字塔，要能廣大要能高。」辦學何嘗不然。嗣涔今日承乏校務，懍於全體師生付託之重，臨深履薄，唯恐隕越，自當以錢校長的廣大與傅校長的崇高自我惕勵，並與師生同仁共勉之。

作者於民國九十四年起任國立台灣大學校長迄今
畢業於台大電機系（民國六十三年）

念錢思亮兄

◎ 吳大猷

九月二日上午十一時，我去台大醫院看思亮。他坐在一大椅上，精神尚好。我告訴他我將遵照他的信，即刻去代他主持中基會（中華教育文化基金董事會）的一個執行委員會，我們談了一個小時多一點。我辭出即去開會，未想到那是見他的最後一次。

思亮從事教學、研究及任職台大校長、中研院院長，凡四十九年。我無需贅述他的成就，但我想舉幾點他的使我懷念敬佩處。從在學生時期始，便不是一個華而不實，或時下膚淺之輩所譽爲「才子」型的人。他任台大、中研院三十餘年期中，信守學術的尊嚴的基本原則，處事絲毫不苟；不屈於外力；他從來不倡時髦而膚淺之議取寵於衆；從來不冒充內行；他處人公平不苛，從來不營私植黨；不阿諛；不邀功。這些都是帶「不」字的「消極性」

中央研究院第六任院長吳大猷院士
(中央研究院近代史研究所提供)

的性質，但如我們以此衡時人；便可發現這正是時人所缺少的特性。我從來未讚譽過任何人，因爲我有我的標準，而我是說不出不是我真心的話的。上舉的是我認爲思亮的特長處。

我和思亮同時在天津南開中學。他在民國十六年畢業考入清華大學，習化學；我則在十四年高二考入南開大學，先讀礦科，翌年轉習物理。民國廿年（一九三一年），思亮和張茲（伊內兄）和我適巧的同船由滬赴美。他去伊利諾大學，我去密昔根大學。

是年冬的一個星期日，思亮遠道來訪。時我和五位中國同學同住一人家，爲省節，都是借房東的廚房煮食的，思亮到，我們臨時買了一隻雞款客，該天輪到同學翁元慶「掌廚」。大家覺得燉的雞湯有點不對勁，等到大匙羹碰到鍋底時，發覺有沙沙的聲，終於發現翁根本未將雞肚破開，整隻雞連腸帶屎煮了一鍋原味雞。思亮吃了也不好意思讚賞。

一九三三年我得了博士學位，又獲中華教育文化基金董事會的研究獎助金一年，乃繼續研究，到翌年（民國廿三年），應饒樹人（毓泰）師之邀，該秋返國，就北京大學教授職。思亮亦獲博士學位，同到北大任化學教授職。思亮和我都被選爲Phi Beta Kappa名譽會會員。該會成立於一七七六年，若干大學於每年畢業班中選成績最優者若干人，但對研究生則爲數甚小，它的金鑰匙上的一面有PS两字，代表哲學和科學。被選入會，在美國是認爲一榮譽的。

民國廿年，蔣夢麟先生重主北大，决改進理學院，獲中基會之助，設「研究教授」。夢麟先生告理學院院長（劉樹杞）及各系主任（數學馮祖荀「江澤涵？」、物理饒毓泰、化學曾昭掄、生物張景鉞、地質李四光），謂解聘舊人由伊負責，延聘新人則由各系負責。在這個新的推動力和氣氛下，思亮和我，和稍後的孫承諤（化學）、程毓淮（數學），到了北大。那時我們都是廿六、七歲，成爲北大理科的「少壯」者，我們剛開始些研究工作，便抗戰興起了。

蘆溝橋事起，政府對華北的高等教育的首項措施，是令三國大學──北大、清華和（私立的）南開──遷集長沙，暫稱「臨時大學」，翌年遷昆明，成立「西南聯合大學」。在昆明的首二年有許多位同事──北大的陳雪屏、思亮，南開的劉晉年，清華的陳省身、湯佩松、蔡方蔭、邵循正等，於週末到我家玩橋牌，冠世喜歡此道，我是門外漢。這段時期，和思亮見得多些。一九四〇年思亮的尊翁在滬爲敵僞刺死，思亮去滬奔喪，即未返昆，一直到一九四六年夏，我爲軍政部計劃科技發展事，選帶了五位優異青年出國，在滬時與思亮一見。五人中有李政道、王瑞駪，後在物理及化學上皆成績斐然。

是年秋，北大在北平復校，思亮返北大任教，但三年後隨政府來台。一九五六年，胡適之先生邀我任中基會之講座，回台大任教半載；梅月涵（貽琦）先生時在台爲清華大學復校，先設原子科學研究所，亦邀我回台任教。十一月我一家回台，船抵基隆，由阮毅成兄嫂接船，逕至思亮家午餐。自上海一唔，瞬已十年了。我在台六個月。見思亮岳丈張昭芹伯，始知係先嚴國基庚子、辛丑併科舉人同年，亦與家伯父遠基丁酉拔貢同年。

一九六一、六二、六三、六五年我數度回台（參加第二次陽明山會議；中央研究院院士會；中研院與台大、清華聯辦的署期科學演習會），自皆與思亮唔敘。

一九六七年春，思亮秉先總統蔣公命，函我蔣公屬意我任安全會議的科學發展指導委員會事。我函覆思亮，請代陳蔣公，謂如政府意在核能方面，則非我所知；如意在科學發展，則當盡所知，備政府諮詢，惟以家人仍在學中，不易舉家返國，後決遵命先回台面陳我對爲國家發展科學的看法，承蔣公採納諒解一切，謂在我離台時間，一切可由思亮及閻振興二位協同策劃之，故不敢弗命，勉就科導會事。

自該年夏起，我和思亮、光夏（振興）、彥士，每週一晨七時半，皆作早餐會談，十餘年來，未嘗中斷，稍後亦邀有國科會的徐賢修、張明哲，教育部的朱匯森參與。「科學發展」之外，時就各人職責有關問題，交換間解，間亦有建議，足供參考的。各人在沒有權責關係，輕鬆氣氛下，談些大小的正經問題。思亮於五月初出國去美、德訪問，六月十六日返台，六月廿日晨早餐會中，驚見思亮說話疲乏無力，我大怪何人爲其安排而無人勸阻這個半月的行程。廿二日初聞思亮入台大醫院，作例行檢查，後始知其情形嚴重。他在院中一再出入於九號病房和加護病房間，我去看過他六次，多囑他安心靜養，和講些分他憂慮自己病情的心的話。

我與思亮自南開中學同學，北大、西南聯大同事，及近十六年在台，已六十二年了。我們的脾氣有時是相反；他的謹慎、心細、忍耐、認真，而我則對人對事，喜怒形於色；有時粗枝大葉，不耐細節。我們相同之處，是對學問有相似的認識與尊敬；對事有相同的見解；沒有「政治慾」；沒有個人私心。我們之交，所謂「淡如水」之交，他的去世，使我感覺得國家喪失一個「好」人，個人失去一個敬佩的老友。

作者於民國七十二年至八十三年任中央研究院院長

本文於民國七十二年所寫，由《傳記文學》第四十三卷　第四期轉載

望之儼然，即之也溫
——懷念錢思亮院長

◎ 李遠哲

我上初中一年級的時候，鄰居的一位兄長決定報考台大歷史系，我很好奇，就問他說：爲什麼要讀歷史系？這位兄長並沒有給我直接的答案，只說大家所尊敬的傅斯年校長是一位著名的歷史學家。一九五六年，我從台大化工系轉到化學系，同樣有人問我類似的問題。我當然有令人信服的理由，不過在我無心細說時，我會不經意地提到：台大的錢思亮校長是一位化學家。

在台大四年裏，我只聽過錢校長給化學系同學所做的一次有關分析化學的演講。不過，他勉勵同學的那一番話，語重心長，歷歷如繪，至今我還記憶猶新。他態度懇切，言辭具說服力；他讓我們相信，分析化學所關注的不僅是分析技術而已。

後來錢校長出任中央研究院的院長，我真正認識錢院長還是在一九八〇年我當選中央研究院院士之後。那時候中央研究院爲了籌設新的原子與分子科學研究所，我被任命爲籌備委員會的召集人，因此與錢院長的接觸相當頻繁。在籌設原分所期間，我每年都會數度與他見面，中間我們還會不時通信，我向他報告設所的進度，跟他討論籌設過程中所遭遇的困難；幾無例外，他每次總是給予我充分的支持與鼓勵。有時候談完公事，他也會告訴我他個人的事，諸如他如何在少年時代離家到南開中學讀書，他負笈伊利諾大學時許多教授留給他的溫馨回憶，以及他任台大校長那些歲月中的點點滴滴。一位長者願意毫無保留地跟我分享他的人生經驗與歷練，令我非常感動。當然，有時候他也會談起他的幾位公子。他最常提到錢煦。也許是出於一位化學家的偏好，他總覺得，如果錢煦選擇的不是生物醫學而是數理科學，他應該會是一位成就更爲卓著的數理科學家——雖然在我看來，錢煦在生物醫學方面的卓越貢獻已經有目共睹。類似的私人談話讓我對錢院長有了較多的認識。我不僅敬佩他處事待人的認真與誠懇，我真的打從心裏喜歡他。

在那些年的來往中，我體會最深的是，錢院長雖然個性溫和，但是對自己的信念卻非常堅定。我和一些朋友那時都還年輕，籌設原分所的工作千頭萬緒，有許多難題必須克服，錢院長對我們的鼓勵與實質支持始終如一。今天細想起來，他最與眾不同的地方正是他對年輕人的信賴與信心。

錢院長是位化學家，對原分所有特殊的感情是可以想像的事。他對原分所的設立付出很大的心力，即使他在生命的最後一刻，他還不斷關心原分所的發展。在他棄世的前一天，原分所籌備處主任張昭鼎到醫院去看他，因爲錢院長想了解原分所的近況。昭鼎抵達醫院的時候，錢院長正好在沉睡中。昭鼎不想吵醒他，就留下字條離去，準備稍晚再回醫院探視錢院長。昭鼎還沒走出醫院，就聽到護士在找他，因爲錢院長剛好醒了過來，知道他來過，很希望跟他談談。錢院長那天心情甚佳，尤其聽到原分所許多新的計畫與發展，他更是難掩心中的喜悅。

在錢院長晚年，我有幸與他過從甚多。我在他身上看到一位中國讀書人的風範。他一生奉獻教育與學術，是一位貢獻卓著的教育家與學術界領袖；更重要的是，他是一位以誠待人、體貼善良的長者。從前我讀《論語》，記得子夏曾經這樣描述他心目中的君子：「望之儼然，即之也溫」，我懷念的錢院長正是這樣的一位長者。

作者於民國八十三年至九十五年任中央研究院院長
畢業於台大化學系（民國四十八年）

憶錢故院長思亮先生

◎ 翁啓惠

錢思亮故院長爲本院第五任院長，亦爲本院搬遷來台後，任期最長的院長，在台主持學術行政工作多達32年，對我國學術研究之發展影響深遠。我們今日得以在競爭激烈的國際學術研究上佔有一席之地，錢故院長居功厥偉。

先生待人敦厚誠懇，個性謙沖內斂，行事謹慎細心，顧全大局，具有高貴的讀書人之氣質。於1951至1970年間應聘爲國立台灣大學校長，於維護傳統自由學風，延攬師資，擴充設備，增設系所，教學改進方面，莫不殫精竭慮，周詳規劃。今日台大得以人才輩出，聲譽鵲起，都應歸功於錢院長主持校務二十年打下的堅實基礎。1967年我進入台大就讀，得以親身觀察其宏觀的學術領導及強調學術自由的風範以及「與人爲善」的精神。

1970至1983年，先生繼掌中央研究院。鑑於國際學術發展趨勢，任內陸續建置完成美國文化、三民主義、地球科學、生物化學及資訊科學五個研究所，並籌備增設生物醫學科學、統計學、原子與分子科學研究所及分子生物學綜合研究室，使本院日有規模。而於促進國際學術交流，與國內各大學之聯繫合作，及羅致人才等方面亦貢獻卓著。而後釐訂五年發展計畫，不但鼓勵基礎科學研究，且兼顧應用科學，爲國家發展儲備高素質人力資源。我適巧於1971年至1979年在院內生物化學研究所擔任助理與助理研究員，對其首開風氣之先，將生化所建於台大校區，與台大生化科學研究所及化學系建立密切的教授合聘及學生培育的合作關係，讓本院研究員有參與生化科學研究所的教學及指導研究生之機會，也提供本院研究生來源的前瞻作法，深爲佩服。此模式也成爲中研院與研究型大學合作的理想模式。此外，生化所在錢院長的支持下得以在蛋白質的科學研究方面，引進以分子層次的角度探討重要生命科學問題的最新觀念，並建立與化學相關之跨領域研究。這種開濶胸襟與規劃遠見，至今似乎尚無人能及。

錢故院長在研究與教學上亦投注了許多心力。於有機化學之研究及教學，成果斐然；間或亦對國家文教政策發表宏論。先生執教北大及台大時，循循善誘，深受學生愛戴。除教導學生建立廣博的知識外，亦強調學術自由，並在廣博中探究自己的志趣，而後深入且持續地鑽研。其進德進業的精神、克己修身的學養以及關懷社會的熱忱，是我們學習的好榜樣與至好的人生導師。

爲感懷錢故院長，本院化學研究所研究大樓即以「錢思亮紀念館」命名，並闢專室陳列有關文物，以資紀念。台大則將理學院一棟大樓命名爲「思亮館」，藉以表彰其卓著的貢獻，與一生爲維護學術自由所做的努力。讓後人得以賢其賢而親其親，樂其樂而利其利，以致永誌不忘。

值此錢故院長百歲冥誕之際，我們追憶他寬宏的胸襟與視野，不但滿懷感恩，也心生激勵。哲人雖已遠，但典範長存，不斷引領我們探討未知，追求真理，實踐理想。

作者於民國九十五年起任中央研究院院長迄今
畢業於台大農化系（民國五十九年）

同仁

（中央研究院近代史研究所提供圖）

錢思亮院長*

◎ 毛子水

我初認識錢思亮先生，在民國二十三年，時思亮方從美國學成回國，在北平國立北京大學任教。我從胡適之先生處知道思亮是一位篤實的青年學者。

七七事變後，北大、清華、南開三大學向南播遷；於二十七年春在昆明成立國立西南聯合大學。思亮以北大教授身份在西南聯大講授有機化學。有機化學教學的困難，治化學的人都知道。當時三校教授，多爲國內英才；而思亮則被西南聯大學生視爲全校講解最好的七教授之一。這自是平日治學精勤的證明。那年暑假中思亮因家事離校回滬，而抗戰時期，國內交通阻塞，遂沒有返回聯大。

勝利後北大在北平復校，思亮重來北大任教。我和思亮常在胡適之先生家中晤談，因知思亮非特學問上有深造，且又爲一位有爲有守的人士。心中頗欣幸得一好友。

三十八年一月八日，因北平危急，我偕女兒季訂和思亮夫婦及他們的三位公子同機從北平飛南京。旋又先後同來台灣大學任教。從北大、西南聯大到台大，我和思亮在三大學同事約三十五、六年。

我生平心中最尊敬的師長，如蔡孑民先生、胡適之先生，表率一代，俯仰無愧。而朋友中，如傅孟真和思亮，都能繼承志業，發揚光大，使我們教育和文化的措施不見鄙於世界有識的人士。我每想及師友中這些崇高的行誼，實私自喜悅。孟真不及中壽，乃國家的不幸。思亮雖年逾古稀，而神清氣和，正宜爲青年學子所矜式；忽焉淹逝，實極可痛傷！

本文爲民國七十二年所寫，由《傳記文學》　第四十三卷　第四期轉載
*原文題目爲「錢思亮院長哀詞」

紀念錢思亮先生

◎ 錢存柔

錢純、煦、復先生鈞鑒：

民國八十四年攝於北京北大邢其毅教授家
左起：錢煦、邢教授、
邢夫人（錢存柔女士）、胡匡政。

接奉來函得悉明年將爲令尊大人錢思亮先生的百年冥誕。令尊爲海內外知名學者，赴台前曾在西南聯合大學及北京大學化學系執教多年，培養了衆多人才並推進國內化學教育發展，至今爲人推崇。令尊與先夫邢其毅交誼甚厚，他們二人先後均去美國伊利諾大學

民國八十四年於北京北大邢其毅教授家邢教授（左）示錢煦、胡匡政任命狀，係錢鴻業先生（思亮先生之父）受任爲直隸省高等檢查廳檢查官。

在羅傑 · 亞當斯 (Roger Adams) 教授實驗室學習並取得哲學博士學位。回國后於1942–1944間同在上海新亞藥廠研究所研製藥物，並於1946–1948年間又相遇北平同爲北京大學化學系教授，我本人雖與令尊接觸不多，但在上海曾與令尊令慈見面並由先夫談話時獲知思亮先生學識造詣精深，治學作風嚴謹，胸懷博大寬厚。值此紀念思亮先生百年冥誕之際，聊書數語，以表對思亮先生敬仰之情！

順請　大安

北京大學生命科學院教授
錢存柔謹上
2007年6月

再者：由於目前與令尊共事的教授均已先後凋零，無法提供更多資料。我偶然與中國科學院微生物研究所張樹政院士（女）交談，她是北京大學化學系1945屆畢業，雖然沒有機會聽令尊的講課，但她對老師也很尊敬，承她提供一份「北京大學化學系建系八十五週年」紀念冊，其中部份提及令尊在西南聯合大學及北京大學工作時的若干資料，現複印後隨函附上，以供參考。又我校化學學院蘇勉曾教授曾經在令尊指導下寫作論文，我也請他撰文紀念。

錢存柔又及
2007.6.24.

略談名教育家錢思亮博士對於基礎醫學之貢獻

◎ 方懷時

先生出生於民前四年（一九〇八年），於天津南開中學與北京清華大學接受完整的新式教育，繼入美國伊利諾大學化學研究所深造。返國後歷任北京大學教授、西南聯大教授、台灣大學教務長與校長、中央研究院院士及院長。台大第一任至第四任校長之任期均僅一、兩年，但第五任之錢校長任期長達十九年（一九五一至一九七〇年），故有充裕時間施展其抱負。現僅就作者所知，略述其對基礎醫學之貢獻。

醫學院雖不在台大之校總區，但錢校長常與該院同仁座談，故對醫學院之情況相當熟悉。例如生理學研究所早成立於一九四七年，包括生理學、生化學及藥理學三組，在錢校長的支持下，此三組於一九六二年分別擴展成三個獨立的研究所，方便各領域之發展。又於一九六五年、一九六七年與一九七〇年先後增設微生物學研究所、解剖學研究所，以及藥學研究所，培養了不少基礎醫學及藥學之專業人才。

回憶第二次世界大戰結束不久，各地經濟蕭條，物資匱乏。當時各校所獲之研教經費極少。教育部爲了配合國策，台大醫學院每年都額外增收僑生二十名，故醫科學生每班約一百人。大班上課尚無困難，但百人同時進行實驗，即感不易應付。那時生理學實驗之結果，需記錄於記紋鼓（Kymograph）的勳煙紙上，很不方便。直到一九六一年，錢校長摯友、哥倫比亞大學醫學院王世濬教授建議China Medical Board of New York（CMB）捐助一台多道儀（Grass polygraph）及各種附件供我們使用，對研究及示教幫助極大。後來台灣之經濟繁榮，研教經費漸增。以前我們所珍視的多道儀，才被普遍應用。現在回想當年王教授及CMB對上述的協助，猶甚感激。此外，自一九五三年至一九六七年，承CMB、國科會及錢校長之支持，邀請到不少生理學客座教授，依到校之先後順序爲T. H. Allen，高逢田、王世濬、錢煦及王雪華五位教授，任期均係半年。其中除高逢田教授來自紐約州立大學醫學院外，其餘四位教授均任教於哥倫比亞大學醫學院，那時他們對台灣大學生理學研究所做出極大貢獻，令人感佩。

一九七〇年五月，錢校長接任中央研究院院長，仍對基礎醫學之各種學會繼續關切。回憶中國生理學會於一九二六年成立，會址在北京之協和醫學院；一九四一年太平洋戰爭爆發，美國對日宣戰，協和醫學院被迫停辦，中國生理學會雜誌隨之停刊。一九五九年教育部同意在台北恢復此生理學會之會務。學會曾數度擬參加國際生理科學聯合會（International Union of Physiological Sciences, IUPS），但先後被第二十一屆IUPS（一九五七年於阿根廷舉行）及第二十二屆IUPS（一九六二年在荷蘭舉行）緩議。第二十三屆IUPS於一九六五年在日本舉行，該會秘書私下要求本會勿再提出入會問題，因而再次受阻。但中央研究院爲國際科學聯合會之會員，承錢院長之協助，本會屢以中央研究院支援機構申請入會，向IUPS所繳之年費，每次均由中研院支付。一九八〇年六月中旬，IUPS秘書長A. G. B. Kovach與接納會員會主席K. Thurau等多人來台，錢院長熱心接待，並召集有關人員與其磋商。彼等於翌日訪問大陸，並於同月下旬在上海與大陸之生理學界簽一備忘錄，略謂在一個中國之前提下，IUPS認爲有兩個團體，即位於北京之中國生理學會及位於台北之生理學會。此種情形與我們參加奧運會與亞太經濟合作會時所遭遇之情形相似。至於我們其他各種學會，例如中華藥理學會及中國生物化學會等，亦同樣受到中央研究院的協助，各種學會亦因此較易與國際間接軌。

談到國際間各學會之接軌，另有一事值得提及。一九九〇年，錢煦教授被選爲美國生理學會會長，由於他的建議，以及我們的生理學會楊志剛會長之協力推動，於該年十一月二至五日在台北中央研究院舉行兩國生理學會聯合會（American Physiology Society — Chinese Physiological Society Joint Meeting）雙方會員踴躍參加，對此間各基礎醫學界頗具激勵之效果。

錢院長在台北雖然院務繁忙，仍時出國考察，一方面爭取海外學人來台，一方面在美舉行分區院士座談會，採納衆議，不遺

民國五十五年攝於台北
前排左至右：彭明聰夫人、魏火曜夫人、思亮先生及夫人、胡匡政
後排左至右：錢煦、黃廷飛教授、方懷時院士、彭明聰院士、張鎮教授

餘力。他一生勞瘁於學術界，功不可沒。後因積勞成疾，於一九八三年九月十五日病逝於台大醫院，令人痛惜，實吾國學術界之重大損失。至於其三位公子，亦皆顯達。長公子錢純，曾任財政部長及總統府國策顧問。二公子錢煦，曾任哥倫比亞大學醫學院生理學教授，現任加州大學總校區生物工程研究院院長。三公子錢復，曾先後任外交部部長及監察院院長。一門三傑，均係台灣大學傑出校友。

作者爲中央研究院院士
曾任國立台灣大學生理系教授及主任

錢思亮校長與我的兩件事

◎ **施拱星**(口述)

呂素齡記錄，**楊維哲、康明昌**整理

要談第一件往事前，先講講我的出生與成長背景。我出生於1918年的台北，但是五歲的時候就隨著父母親到日本，在日本接受小學、中學、高等學校教育，之後1940年京都帝國大學數學系畢業。第二次世界大戰結束後，我於1946年元月返回台灣，十月至台大先修班與理學院任教，1947年8月改任數學系副教授；再於1950年辭職赴美伊利諾大學進修數學，1954年再回台大數學系任教，1958年8月至1962年5月兼任系主任。這時，理學院院長阮維周先生要轉至中央研究院擔任總幹事，他希望我接任理學院院長工作，但是我覺得自己實在不適合擔任行政工作，就推

辭了。後來，錢思亮校長親自到我牯嶺街住處找我，勸我答應。由前面我所述的成長背景，大家可以瞭解到，我的國語並不很靈光，因此他跟我說了許多『獨善其身、兼善天下』的道理，我都聽的不是很清楚，於是錢校長就從我桌上隨意拿了張紙寫下了這八個字給我看，也就開始了我十年的理學院院長生涯（當時沒有任期制）。因爲錢校長於公於私都待我很好，過了四十多年了，這張紙片我還一直保留在身邊。

接著再講一件引起爭論的大專聯考。1961年台大負責大專聯考的命題工作，因爲我兼任數學系系主任，錢思亮校長要我出數學科試題。我認爲「考試領導教學」，聯考試題必須富有「數學意義」，且兼備甄別力，所以過去的數學試題在我看來都不理想，因此花了很多心思設計了一份試題，並商請賴東昇先生（當時的數學系助教）幫我修改文字，才交給錢校長。闈場內負責校對的先生向錢校長報告：這份試題很難喔！

於是錢校長問我有沒有問題，我向錢校長說明一下，自認題目很適當，是一份完美的試題，錢校長就相信我了。錢校長雖然是學化學的，但是數學底子其實很好，他曾經告訴我，他當學生時很喜歡數學，考大學時還爲了念數學呢？還是念化學呢？而左右爲難。

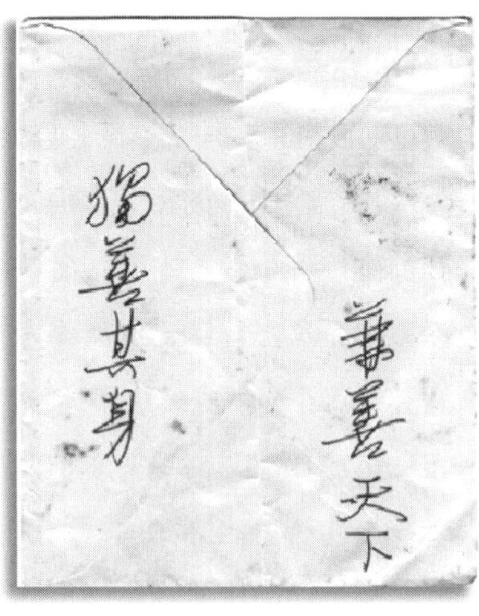

民國五十一年五月二十日錢思亮校長來訪(到牯嶺街九巷六號宿舍）勸說我接受理學院院長一職時留下的八個字

台大理學院前院長施拱星教授，
攝於民國九十六年十二月

聯考過後，據說三萬考生中有一萬人數學考零分。輿論因此大譁，甚至鬧到立法院；招生委員會主任委員是政治大學校長劉季洪先生，也感受到社會壓力。半個月後，王九逵先生和項武義先生爲文分析這份試題，他們認爲這是一份相當理想的試題，並無不妥之處。錢校長也公開支持我，他說：「過去數學科的試題，因爲其中的術語都已忘了，我連題意都不瞭解。而這次的試題，我不僅看得懂大部分的題目，其中幾題我還會做！」當時的台大文學院院長沈剛伯先生在陽明山會議也爲我說好話，他認爲這次的試題比較靈活，是一份好試題。後來我自己寫了一篇「大專聯考試題甄別力」的文章來解釋我的命題哲學，這次題目才是一份「按正確牌理出牌」的試題。

以上就是我與錢校長在台大校園裡面令我印象深刻的兩件往事，現在我也已經是白髮蒼蒼的九十歲老人，回想起來，依舊備感溫暖。

作者爲國立台灣大學理學院前院長
呂素齡是中央研究院數學所教授
楊維哲、康明昌都是國立台灣大學數學系教授

本文摘修自：
《國立台灣大學理學院數學系簡介》頁35–45，1988年5月。
《數學傳播》季刊，中央研究院數學研究所發行，第12卷第2期，頁12–19，1988年6月。

推動台灣大學躋身於世界名校之林的錢校長

◎ 曾祥和

「創業維艱，守成不易」是我國先賢的至理名言。創業之後如果不能守成，局勢必難持久。近年由於科技快速進步，國際競爭劇烈，形勢瞬息萬變，創業與守成必具的精神已難劃分。一昧追求新忽略不變的基本條件，成就常如曇花一現。墨守成規不能順勢應變，既有的榮景也將灰飛湮滅。成就大業必須兼具創業與守成必需的遠見卓識，應變心力，及堅守原則百折不撓的精神；更需經歷長久時間。一人未能竟功，必須後繼有人。台灣大學得以躋於世界名校之林，實賴傅斯年及錢思亮兩位校長先後接踵之力。

台灣大學的前身是日本佔領時期建立的台北帝國大學。當時日本青年極少到殖民地求學，日本當局多方壓制台灣同胞接受高等教育。台北帝大名義上雖爲教育機構，實際上僅是帝國擴張以後榨取南洋地帶的研究場所；以農學院爲主，其他各院基礎脆弱。光復以後，日籍教師大量返國。我國八年抗戰，政府財力拮据，台灣大學人財兩俱不足，百廢待舉。1949年傅斯年先生出掌校政，大力整頓，開創新局。兩年之間規模初具，不幸積勞猝逝。思亮先生續任艱巨，積極充實內部，拓展對外關係。朝乾夕惕，二十餘年，台大始得躋於世界名校之林。

思亮先生字惠疇，出身書香及司法世家；精研化學，守正不阿，治事嚴謹，待人寬厚。大學之中名家群集，衆說紛紜，調和鹽梅最爲不易。先生以其至公至誠，和光同塵，內外咸服。

先生謙沖自持，不以言詞自顯。某次赴金門勞軍，台大校友他鄉見師長備感欣幸，會餐之時紛紛敬酒。先生體念遊子亦一一接受。半醉致詞，滔滔動人，不讓著名演說家，足見其深藏若虛之一斑。

先生德配張夫人婉度系出名門才德兼備，治家有方，教子有成。先生戮力教育學術全無內顧之憂。園中桃李階前蘭桂齊芳並茂。長公子純字伯玄擘劃財稅促成台灣經濟奇蹟，凜凜風骨垂範政壇。次公子煦字仲和，精研醫理造福人群，揚名域外爲國爭光。三公子復字君復，折衝樽俎捍衛國權，以身作則整肅官箴。雁行展翼，醫國醫人。少君等亦學有專精，相夫教育子女內外卓然有成。孫曾等輩稟承家風庭訓，無論在學在職，均皆出類拔萃。一門俊彥舉世罕有。瓜瓞綿綿昌盛豈止五世！

作者爲國立台灣大學歷史系教授
並爲前台大文學院沈剛伯院長之夫人，現年八十七歲

世誼與私交

◎ 馬漢寶

民國九十七年適值錢思亮先生百齡冥誕，哲嗣聯名集文追念，爰略述錢馬兩家世誼及我個人學術生涯與思亮先生直接有關者以應。

思亮先生與我個人交往始於台灣大學。我是民國三十九年台灣大學法律系第一屆畢業生。畢業後即爲校長傅斯年先生留任爲法律系助教。不久，傅校長過世，思亮先生繼任台大校長，在其任內我由助教遞升爲教授，不過我與思亮先生交往多半是由於錢馬兩家有數代世交之故。這一點在先君壽華（木軒）公自傳內敘述最爲清楚。先君與思亮先生尊翁同爲民國早年司法官，相知甚深。民國二十一年至三十一年間，先君在上海租界內執行律師業務。民國二十幾年，思亮先生尊翁則曾在上海租界內我國法院任職。先君自傳「服務司法界六十一年」一書，手稿完成於民國六十六年秋，初版則延遲至民國七十六年十二月紀念先君逝世十週年時付印，次年並曾再版。在該書第65至66頁，有以下記載：

「上海公共租界第一特區地方法院刑庭錢庭長鴻業字謹庵（係現任中央研究院院長錢思亮之尊翁），與余有兩代世交（謹安兄尊翁筱修世伯，與先嚴靜仙公爲至友，與先岳文慶公爲通譜弟兄。記得民國八年余赴北京入川田醫院治痔疾，筱修世伯命佣人之子小二子到醫院伺候多日，其愛護之厚意備至，迄今心感不忘），素極佩其學問道德。曾任大理院推事多年，在刑庭長任內，清廉公正，爲人稱頌。」

由此段記載可知思亮先生祖父與我祖父及外祖父均爲至交。換言之，思亮先生與我係屬同輩，本可以兄弟相稱。但因爲同在台大，習稱其「校長」，嗣轉任中央研究院院長，則改稱其「院長」。事實上，因先君與謹庵世伯之關係，在台灣期間，思亮先生素稱先君爲「老伯」，而哲嗣伯玄與君復比較常在台灣，相遇每稱我「叔叔」，禮多也就不能怪了。猶記得謹庵世伯昔在上海住福煦路模範新村43號，我亦時隨先君赴其寓所訪晤。也記得當年思亮先生自美學成返國，去北方教書以前，曾由先君紹薦在上海新亞藥廠從事研究工作一段時間。該藥廠主人爲許冠群先生，是先君一位好友。

至於我個人在學術生涯方面，有兩件事與思亮先生直接有關，值得懷念。民國四十一年，第二次大戰後第一位來台教書的美籍學者爲陶遂（Gary L. Dorsey）。他是由當時自由亞洲委員會（Committee for a Free Asia），及亞洲協會（Asia Foundation）的前身，安排請來，他是耶魯大學法學博士，也是著名哲學家那斯洛普（F. S. C. Northrop）的高足，專長法理學、國際公法及憲法。來台預定在研究所講授「憲法原理」(Theory of Constitutional Law)，可是當時國內尚無大學設有研究所，於是想把課程開在台大法律系。但因法律系學生英文程度不夠，輾轉決定改開在政治系二年級。不過學生上課一週，因爲聽不懂而向校方請願。當時思亮先生爲台大校長，隨即召開會議討論此事。經與法學院院長薩孟武先生、政治系系主任李祥麟先生商得法律系系主任梅仲協先生同意，決定由我義務協助。我當時在法律系任助教，因在上海租界內長大，習用英文。於是我從民國四十一年至四十二年，整年與陶遂教授同堂講課，因而建立深厚交情。他後來是美國聖路易城華盛頓大學法學院講座教授並擔任「國際法律哲學及社會哲學會」(The International Association for Philosophy of Law and social Philosophy）會長多年。因爲他的關係，另一位華盛頓大學法學院教授William Jones，隨後也來台大法律系授課，而我也曾在1997年應邀去該校法學院講學。2000年該校成立「全球法學研究所」(Institute for Global Legal Studies現改稱Whitney R. Harris Institute for Global Legal Studies)，聘我爲「國際顧問委員會」(International Council）委員，直到今日。其他委員多爲各國世界知名學者。

其次民國七十年奧地利國家科學院院長Herbert Hunger到台灣訪問中央研究院。當時思亮先生擔任中央研究院院長，因爲來訪貴賓是講德文的，就想到我內人蕭亞麟在台大外文系教德文，於是請我夫婦二人接待。我們與Hunger院長作了一趟溪頭之旅，相處極爲融洽。後來奧地利國家科學院與中央研究院達成一項約定，希望能派遣研究人員互訪。適巧那年台灣大學法律系根據與奧地利維也納大學法學院交換計畫，可以有教授往訪。因此思亮先生乃與台灣大學合作與奧地利方面協議，使我得以維也納大學與奧地利大學合聘的訪問教授名義前往奧地利講學。爲期半年，大部份的時間在維也納大學，因爲奧地利國家科學院沒有法律相關的研究單位。除在維也納大學講過「中西法律思想與制度比較」外，還到過西柏林大學、慕尼黑大學等處演講，結交不少歐洲的法學界人士。

以上短文謹從世誼及個人交往兩方面，略表紀念思亮先生百齡冥誕之忱。

作者曾任中華民國大法官
畢業於台大法律系（民國三十九年）

錢思亮先生*

◎ 那廉君

話要從稍遠一點談起。民國三十七年冬天，北平被共軍圍城甚急，錢思亮先生全家搭乘政府由南京派去營救被困北平學人們的專機飛到了南京。當時我正工作於中央研究院的歷史語言研究所，由於歷史語言研究所的人員和圖書儀器標本以及資料等都已遷到台灣，這裡所剩下來的只是雞鳴寺山麓的一座巍巍空樓而已。留在研究所尚未離開南京的除了當時的所長傅斯年先生和我以及另外一位同事之外，只有三個工友。這一段時期，研究所本身已無工作可做，而我和傅先生卻整天東奔西跑，每天中午只能在新街口的「三六九」各吃一籠小包的忙得不可開交，所辦的就是營救被困在北平的的學人工作，主要的是向有關機關洽派飛機。這是由於傅先生對此事特別熱心，他自己認爲雖無此責任，卻有此義務。

由南京派去北平的飛機，雖有不少架次，但只有錢先生他們所搭乘的那一架，能夠在北平降落，同時也能安全的飛離北平。梅貽琦先生等所搭乘的另一架飛機，雖也順利的飛出北平，但只能飛到青島。其餘由南京派去的飛機，都是空着去空着回來，在北平根本沒有辦法降落。

記得錢先生他們這一架飛機抵南京明故宮機場，已是傍晚時分，傅先生當晚就在歷史語言研究所的會客室設宴，爲他們接風，也爲他們壓驚。同飛機到南京的，除了錢先生全家之外，還有已故的台大英千里教授和後來被選爲中央研究院院士的牛滿江先生等多人。這一頓晚宴，雖然準備的只是極普通的飯菜，但他們卻甘之若飴，特別是英千里教授表示這是他們困在北平十幾天來第一次吃到肉食，真稱得起是一頓盛饌。

傅先生和錢先生這時候是第一次見面，而我之認識錢先生，也可以說從此開始。大概由於傅先生對錢先生的學術成就和教學的認真，早有所聞，而其時傅先生正好發表繼任國立台灣大學的校長，所以飯後便邀請錢先生到台大任教，錢先生表示要先去上海一趟，料理一些私事，於是他們相約於最短期內在台灣相會。

三十八年一月中旬，傅先生到了台灣，錢先生也到了台灣。兩個家庭都住在福州街二十號的台大校長官舍。這是一幢日式的建築，房間並不算多，可是當時住在裏面的除了傅、錢兩家之外，還有俞大維夫婦，胡適夫人和台大已故的教授林霖先生，連同我和傅先生的侄公子樂成，真是濟濟一堂，好不熱鬧。後來由於大家擠在一起，實在有些不便，於是錢夫人遂攜帶一位公子搬到永康街她的親戚家裏。

由於傅先生和錢先生在此時期朝夕相處，使傅先生對錢先生有了非常深刻的認識，不但在當時認爲錢先生是一位不凡的學者，後來更進一步的向人表示：錢思亮先生將是以後台灣大學校長的接棒人。

傅先生就職之後，立刻聘請錢先生以教授兼任教務長，後來還有一段時間請錢先生兼任了理學院的院長。錢先生在教務長任內，興革的事項很多，最受人們稱頌的是辦理招考新生和轉學生的一掃過去的陋規，而創立了一套新的制度，這種新的制度，實在講來，已替後來辦大專院校聯合招生開闢了一條康莊大道。三十九年底錢先生奉派出國參加世界大學會議，在旅途中獲得傅先生去世的噩耗，也在旅途中接受了台大校長的任命。

錢先生接掌台大之後，就台大過去兩年來已經奠定的基礎，循序漸進的求其發展，遂使台大成爲後來許多院校的帶頭者。我們勿庸逐項的說明錢先生在台大的建樹，但可例舉幾項，作爲代表。譬如他認清教員是學校的主體，於是首先建全了台大的教員聘任制度，繼之採用各種方式大量的資送在校的教員出國進修，相對的儘量從海外聘請學者專家來校任教。又鑒於大學一年級課程是「基礎」課程，必須特別加強，所以他矯正人們一向對大一課程輕視的觀念，不但恢復了「大一課程委員會」，並特別請資深的教授擔任大一課程的講授。

民國五十九年思亮先生與夫人參加台大教授聯誼會忘年會
（國立台灣大學醫學院附設醫院提供）

他又鑑於台大校舍的極待擴充，而學校本身的經費有限，所以他用盡了心力爭取美援的補助。並爲配合國家的政策，儘量接受海外的僑生和港澳學生，並特別興建了僑生宿舍。

其實，錢先生到台大之初，也受到了不少困擾，但他都能忍耐和自我犧牲的一一尅服。他專心致力於下一代的培植，對於自己本身研究工作的無法繼續，平白的犧牲，並未介意。不過，有時也有人引用「桃李滿天下」的口頭語，而用另外一種口吻，另外一種態度來「稱頌」他，他每次總是正色的以「爲國家造就人才，並非培植個人勢力」的話來回敬。

民國五十九年五月底，錢先生在依依難捨的情形之下，離開了台大，於六月初接任中央研究院的院長職務。接任之初，因事實上的需要，使他不能不暫時撇開有關學術研究的問題，而先爲同仁解決一項生活上的困擾。因爲在錢先生接任以前，全台北市的垃圾都運貯在中央研究院的左邊，使得空氣萬分污濁，同仁的生活受到嚴重的威脅。此事經錢先生努力的奔走，衛生當局把垃圾遷移他處，才解決了同仁間已經困擾很久的問題。

錢先生主持中央研究院，和在台大一樣的完全民主化。他尊重院士的意見，接受院士的建議；尊重評議員的意見，接受評議員的建議。對各研究所的研究工作，也請他們自己決定方針，釐定計畫。他唯一的希望是想把這一個國家學院的水準，儘量提高，而在國際上獲得地位。因此他注意時代潮流，增設符合時代需要的研究所。同時深深的認識科學不僅作理論上的研究，更要注意到應用方面，所以近十年來中央研究院對國家的建設，的確有了不少的貢獻。更如爭取我國在國際學會中的「會籍」，中央研究院實在費了不少心力，可惜這一項艱巨而又困難的工作，鮮爲人知。

一個盛大的國際漢學會議在民國六十八年舉行了。多達二百一十八篇論文，裝成十巨冊，重逾十公斤的論文集問世以後，獲得國際間的特別重視。

以上僅就錢先生從民國三十八年到台灣以至七十二年謝世的三十多年中對教育學術的貢獻，作提要的報導。事實上，他的工作，並不限於台大，也不限於中央研究院，附帶的工作還很多，例如他兼任行政院原子能委員會的主任委員有九年半，中華教育文化基金董事會的董事長孫哲生先生去世後，錢先生當選繼任。此外尚擔任了不少機構的委員，而他又從來不做掛名的委員，每次開會，必定出席，如有活動，必定參加。

總之，錢先生自到台灣以後，即獻身於教育與學術，也就是獻身於國家，從未得到一日的清閒。加上他的事必躬親，一絲不苟，累積的體力透支，早爲朋友們所關心。這次帶病訪問西德，轉往美國接受伊利諾大學贈與的名譽科學博士學位，然後分在五個區域舉行院士座談會，又訪問了不少院士以外的旅美學人，並和美國的幾所大學和學術機構洽商合作，這一連串的活動，已使陪他同去的年輕人朱炎教授感到吃不消，而錢先生以七十六歲的高齡，返台之後，立刻銷假上班，以致身體不能支持，而於九月十五日與世長辭。一代學人，就此因勞累而撒手歸西，能不叫人惋惜，能不叫人痛心！

作者曾任台大校長室及中研院院長室秘書，与思亮先生共事三十年以上。
本文爲民國七十二年所寫，由《傳記文學》第四十三卷　第四期轉載
*原文題目爲「哀悼錢思亮先生」

追隨錢院長思亮先生 兩年小記

◎ 陶英惠

中央研究院院長錢院長思亮先生，於七十二年九月十五日下午六時四十分在台大附設醫院病逝。噩耗傳來，震驚學術界。筆者有幸在他一生的最後兩年，追隨左右，得親謦欬，對這位一代學界巨人，獲得直接的觀察與認識，真是難得的機緣。他對國家教育學術的許多貢獻，除了報章雜誌已有詳盡的報導外，應該由專家學者們去研究、發掘；筆者僅就兩年來的所見所聞，或爲外界不太熟知的瑣事，略記一二，藉表敬悼之意。

調兼秘書　機緣難得

民國五十三年七月，我進入中央研究院後，就一直在近代史研究所從事研究工作，沒有擔任過行政方面的工作，所以沒有機會、也沒有必要和院長打交道。七十年暑期，一天忽然接到通知說院長召見，真想不透是爲何事。比至如约到達院長室，錢先生就開門見山的說，秘書主任萬紹章先生已屆退休之年，調我暫兼秘書組工作。一聽之下，頓感手足無措，連忙懇辭。自忖一生甚少接觸過公文，真可謂一竅不通，而秘書主任一職正是全院公文的「集散地」，千鈞重擔，怎麼能挑得起？萬先生學養俱佳，並有豐富的行政經驗，深知自己的能力，不及萬先生的萬分之一，乃搜索枯腸，尋找種種理由向錢先生說不能從命，也不敢從命，爲全院工作着想，務請另覓適當人選。可是錢先生只有一句話：「你可以做。」談了二小時，在心理上完全沒有準備的情形下，再也沒有理由可說了，既然固辭不獲，只有勉強答應。自七十年九月十六日正式調秘書組工作，至七十二年九月十五日錢先生病逝，爲時恰好兩年整。兩年以來，在他老人家的身邊，看了不少，聽了不少，更學了不少。

尊師重道　身體力行

有關錢先生的重要學歷，大都耳熟能詳；其小學、中學部分，則鮮爲人知。數年前，錢先生曾自書學歷表一份，承那廉君先生抄示一份，彌足珍貴，謹照錄如下：

(1) 初小：北平第二十五初等小學（插班入三年級），民國六年九月至七年一月，肆業
天津私立第一小學，民國七年四月至八年六月，畢業
(2) 高小：北平高等師範附屬高等小學，民國八年九月至十一年六月，畢業

(3) 初中：天津私立南開中學，民國十一年九月至十三年六月，畢業
(4) 高中：天津私立南開中學，民國十三年九月至十六年六月，畢業
(5) 大學：國立清華大學化學系，民國十六年九月至二十年六月，理學士
(6) 研究所：美國伊利諾大學化學系，民國二十年九月至二十一年六月，理碩士
(7) 博士：美國伊利諾大學化學系，民國二十一年九月至二十三年六月，哲學博士

錢先生在生前，也曾多次和我談起他求學及教書的一些往事。他的德文是從楊丙辰先生學的，俄文則是隨楊澤榮先生學的，楊先生教書非常認真，錢先生的俄文，在班上始終考第一名。他求學的態度是，對授課認真老師的課。就認真學習，成績就一定好；對不認真的老師的課便不認真學習，所以成績就平平。「教不嚴，師之惰。」可見老師對學生的影響是多麼大。錢先生的英文和法文老師的名字，我已忘了，但是記得他告訴過我，他英文名字Chien Shih-Liang中「Shih」字的拼法是錯的，正確的拼法應該是「Ssu」。我問爲什麼不改一下呢？他說，這是他的英文老師給他拼的，不便更改，這位老師是南方人，對於「思」和「師」二字的字音是不分的。我聽後肅然起敬，其尊師重道之精神。由此可見一斑。也正因爲他如此尊師重道，所以對今年五月十五日到美國伊利諾州香檳城去接受他母校伊利諾大學授予的名譽科學博士學位一事，特別看重，當秘書組擬稿向總統府報備，文中稱「赴伊大……」，錢先生核稿時，在「伊大」之上親加「母校」二字。加這兩個字的含義，真是太深了。

在今年四月二十六日中央研究院的一次午宴上，幾位院士談論一些著名學者獲得博士學位的年齡問題，認爲三十歲能拿到的就很難能可貴了，生物組的黃周汝吉院士便問錢院長是幾時拿到的，錢先生答是二十六歲那年拿到的，全桌均感驚訝，立即舉杯致敬。

民國二十三年六月，錢先生在伊大獲得博士學位後，立即束裝返國，八月就聘爲國立北京大學化學系教授，授普通化學。錢先生說，北大的學生，在新老師來上第一堂課時，照例要考考老師，他沒有被考倒，從此深受學生愛戴。他說，除了選他課的學生外，還有在教室外面偷聽者。錢先生具有超乎常人的記憶力，凡上過他課的學生，不僅都記得他們的姓名，甚至在若干年後，連每個學生考的分數都記得一清二楚。他說在任台大校長的後期，有一次遇見石油公司的兩位朋友，口稱老師，都說是他的學生，但他就是想不起何時教過這兩個人，當面不便追問，可是對自己的記憶力又深具信心，深感納悶。事後經過調查，才確定這兩個人是他在北大時的「偷聽生」。

用人惟才　胸襟磊落

五、六年前，中研院曾引起外界一連串的責難，其中一項是說人事不諧，有學校派系之爭。去年十一月間，錢先生和我談起他對用人的態度。他說他是浙江人，但生於河南，在平津讀書，不能講家鄉話，所以一向沒有省籍或地域觀念。又因爲讀過書的的學校和服務過的學校甚多，所以也不太注重校際的差別。他在用人時，向不注意其出身那個學校，只注意其最高學歷和能力；因爲獲得較高學位的人，所讀過的學校一定很多，沒有辦法很清楚的將他歸類在那一個學校，例如某人是政大的學士，台大的碩士，清華的博士，究竟算他是那個學校出身呢？所以出身何校是沒有什麼意義的。

錢先生說，在外國著名的大學，大多不用本校畢業生任教，例如美國的哈佛大學化學系，喜歡聘請伊利諾大學化學系的畢業生，伊利諾大學則多半延攬哈佛大學的學生。因爲每個學校的教學和訓練方式不同，這個辦法，可以吸取其他學校的長處，以彌補本校的不足。他在台大校長任內，曾聘請過許多位非台大人擔任院長、系主任等職務。這種高明的見解和磊落的胸襟，應可供主持教育、學術的先生們參考。

謙和寬厚　風範長存

錢先生的爲人，謙和平易，凡和他共事或接觸過的人，都會有同感。在去年五月二十二日，錢先生召我去討論一些公事。談完了公事，他慢言慢語的對我解說他爲什麼不和別人爭論，即使有人當面罵他，也會不生氣。他說，並不是個人修養好，更不是笑罵由人，好官我自爲之，而是真的沒有什麼好生氣的。他自信對問題的反應很快，而且判斷正確，考慮周詳，很少有錯。既然錯不在己，而對方有所誤解，可加以澄清，而不必與之爭論，更沒有主動攻擊別人的必要。又說他對他的上司，不論其地位、聲望是高或低，都非常尊敬。如任台大校長時的歷任教育部長，不一定都比他資深，但在行政體制上，教育部長是他的頂頭上司，錢先生都予以尊敬，絕不倚老賣老，令對方難堪。事實上，他對他的屬下，又何嘗有過輕視的心理或疾言厲色！聽他娓娓道來，真是如沐春風。這些事情，說起來輕鬆，聽起來也很平常，但是做起來而且能始終如一，就太難了。余生性魯鈍，遇事考慮欠周，而且具有山東人的固執脾氣，自認爲對於任勞尚勉可做到，對於任怨則沒有辦法。老校長的一席話，不是對我作正面的責備或糾正，而是以身教、言教來使我有所醒悟，給我上了最有意義的一課。

父子院士　傳爲美談

民國五十年八月二十七日，中央研究院第四屆評議會舉行第二次會議，討論第四屆院士候選人問題，錢先生是評議員，出席了這次會議，同時他也是院士候選人的被提名人。在主席胡適先生報告他提名經過之後，錢先生首先對他本人的被提名，堅請撤銷，根據中央研究院組織法第五條的規定，被選爲院士有兩項資格，第一項：對於所專習之學術，有特殊著作發明或貢獻者；第二項：對於所專習學術之機關，領導或主持在五年以上，成績卓著者。錢先生說明自請撤銷提名的理由爲：著作論文沒有特殊貢獻，不適於中央研究院組織法第五條第一項規定的院士資格；主持北京大學化學系，只有三年，不適於中央研究院組織法第五第二項規定的院士資格。謙稱兩項資格都不合，所以請求撤銷提名。經與會評議員的熱烈討論和表決，認爲組織法第五條院士資格的兩項規定，錢先生都合；惟爲尊重被提名人的意旨，同意錢先生的自請撤銷提名。

在時隔二十年之後的民國七十一年五月十五日，各報公布了第十四屆院士候選人名單，錢先生爲此備受責難。我爲這項工作的承辦人，內心很感不安．因向他老人家報告所以公布的原委，錢先生溫語慰勉，沒有絲毫責備的意味，認爲依法是應該公布的，我的做法並沒有錯。隨即爲我憶述他初次被提名爲院士候選人的經過：當時胡院長適之先生堅決主張爲他提名，王世杰先生則主張應尊重當事人的意見，兩者都沒有錯。他所以堅請撤銷提名的真正原因，並不是不具備院士的資格，乃是因爲清華大學的梅貽琦先生也在這次被提名，而且兩人都是以大學校長的身份（即組織法第五條第二項資格）在數理組被提名。錢先生認爲無論如何，都不能和他母校的老校長同時競選，在兩人不大可能同時當選的情形下，他只有禮讓。這番心意，爲多數評議員所了解，所以同意了他的撤銷。梅先生於五十一年二月以高票當選爲第四屆院士，而錢先生也在五十三年九月，順利的當選爲第五屆院士。以梅先生主持清華校政的貢獻，當選絕無問題；而錢先生當時擔任台大校長，聲譽正隆，也不可能落選，但仍堅決退出。從這個小故事中，不難看出錢先生的謙讓美德。院士是終身名譽職，地位崇高，是學界人士嚮往、追求的最高頭銜，錢先生也不例外；他之堅辭提名，並非故作姿態，而是出自天性的謙和。上述的小故事，就是具體的證明。

民國六十三年七月，中央研究院舉行第十一次院士會議，錢先生的次公子煦（仲和）被列爲第十屆院士候選人，在進行選舉時，余任紀錄，錢先生首先退出主席的身份發言，說明他無權撤銷錢煦爲生物組院士候選人的資格，但請求各位院士不要投他的票。態度十分誠懇，結果仲和先生落選。及至六十五年七月舉行第十二次院士會議時，仲和先生才順利當選爲第十一屆院士。父子同是院士，爲學術界留下一段佳話。如今，錢先生走了，仲和先生的內心深處，該是多麽的難過！

高風亮節　清儉自守

錢先生的爲人清廉，是有口皆碑的。據我所知，中央研究院院長的特別費爲每月新台幣二萬四千元，按照規定，他可以領回半數，即一萬二千元，另外的一半，亦可檢據報銷。但是他擔任院長十三年多，從未領用過分文。這項費用，除了補貼同仁的生活費外，遇有不能報銷的款項，就從這裏面開支。

今年五月一日，錢先生赴西德及美國訪問，並在美分區舉行院士座談會，歷時一個半月，於六月二十六日歸國，行裝甫卸，即力疾回院視事，二十二日，由於勞瘁過度，終感不支，乃住入台大醫院治療。除院中同仁在院照料外，並加請特別護士一人，以時計費，每天三千六百元，每月即需十萬八千元，數字相當驚人。院中同仁深知他清廉自守，沒有餘費，在他住院不久，先將其上年度剩餘的特別費四萬元送到醫院，備作急用。當他獲悉這四萬元不是他的薪水，而是特別費時，即令送去的人原封帶回，絕不願因爲生病住院而壞了他的「規矩」。

錢先生住院近三個月，費用浩繁，台大醫院深知這位老校長並非富有的人，恐無法負擔這筆費用，在他逝世後，決定免收，以示對老校長感念之意。這是台大醫院從來沒有、以後也不大可能再有的事，錢先生如果地下有知，當會笑納這份誠摯的心意吧！

積勞成疾　溘然長逝

錢先生對於治學和治世，一絲不苟，我還沒看到過有像他那樣仔細的人。他有記日記的習慣，每天無論多忙，一定將當天所辦的事，摘錄在日記上。對公文的處理，尤其慎重，每一件公文，一定要弄清楚其來龍去脈後才下筆批改。中研院自奉準實施五年發展計畫以來，各研究所的人員及經費，都年有增加，公文的數量自然越來越多，他每天花在批公文上的時間也越來越長。他絕不積壓公文，當天的公文無論有多少，一定要處理完畢後才休息，熬夜是常事。他每天上下班，五個皮包都分門別類的裝滿了公事，真苦了他的司機紀經總先生，要跑兩趟才能將這五個皮包從樓下送到四樓院長室，下班時再自四樓搬下來帶回公館。老紀常說：「我花點體力沒有關係，院長要用多少腦力才能處理完這些公事！」我認爲他的病真是爲公事累出來的！這種認真的態度，不是一般人所能做到的。

中央研究院歷任院長故世後，都分別在院中選擇一所建築物，以該院長的名字命名爲某某紀念館，以資紀念。錢先生是學化學的，化學研究所新建一棟大樓，即將完工啟用，中研院已決定將這棟大樓命名爲「錢思亮紀念館」，供院中同仁常相懷念。

本文爲民國七十二年所寫，由《傳記文學》第四十三卷　第四期轉載

錢思亮校長的治校理念及對台灣大學的貢獻

◎ 沙依仁

一、家庭背景及學經歷

錢思亮博士浙江杭縣人，生於民國前四年正月初九，父謹庵公，民初任大理院推事，以清慎著稱。母徐太夫人，在抗戰初期，謹庵公任上海第一特區地方法院刑庭庭長署理院長。秉持正義，不屈於敵偽，致遭暗殺。

學歷：民國11年畢業於北平高等師範附小。

民國16年畢業於南開中學。

民國20年畢業於清華大學化學系。

民國21年獲得美國伊利諾大學碩士學位。

民國23年獲得美國伊利諾大學博士學位，當時年僅二十六歲。

經歷：民國23年8月任北京大學教授。

民國26年任國立長沙臨時大學教授(該校遷昆明改名爲國立西南聯合大學)先生隨之西遷繼續任教。

抗戰勝利後重返北京大學任教。

因共軍圍城在民國三十八年初中央政府派專機接北方學者至南京，包括先生在內。民國38年1月應聘國立台灣大學教授兼教務長。

民國40年3月接任國立台灣大學校長（光復後第五屆校長）。在任十九年三個月是台大任期最長的一位校長。

民國59年6月轉任中央研究院院長。

民國60年12月至民國70年6月兼任行政院原子能委員會主任委員。

二、特質及風範

1. 聰明過人，有極強的記憶力 錢校長前額豐滿所以有驚人的智慧及記憶力，筆者擔任其英文秘書，深知其具有一目十行、過目不望的能力。台大從講師以上的教師及校總區職員不但能記憶其姓名，而且還記得其容貌。
2. 清慎勤明 這是鄭騫教授所發表的「懷念錢思亮先生」文章中如此表示。

先說明「慎勤」兩字，錢校長每天看不完的公文，用大背包背回家。晚上加班審核。本今日事今日畢的原則，從不拖延。在台大校長任內一個巨大的背包裝滿公文就足夠了。在中研院院長任內，據中研院陶英惠秘書表示每個工作天，五個大皮包的公文由司機紀經總先生從四樓的院長室搬上車要跑兩次。第二天早晨五大皮包看完的公文又要跑兩次搬到院長室。所以在他身後報紙悼念的文章中有說到「公文累死錢思亮」。此外他處理公文一絲不苟，在瞭解公文的來龍去脈後才下筆批示。至於「清明」兩字的詮釋，錢思亮校長能夠對台大全校的事瞭解清楚，全靠他的機要秘書那廉君先生。那秘書溫文儒雅，台大教職員都很敬重他。因此無論同仁們有那些成就或感恩的事，或者有糾紛及困難，都會向那秘書報告。「明」就是明白。錢校長對於每一個問題都要查出其原委。記得有一位花蓮某高中保送來本校就讀的女生，大一時成績太差而遭到退學。錢校長要查出其原因，結果發現該生的家長是當地有財有勢的人。自從該生高一開始，家長給每一位老師每月新台幣參仟元，保住她以第一名優異成績，保送進台大。進入本校後，成績落後，且無法打通關節，結果遭到退學。

3. 公正公平 本校進用人員及教職員工之升等，錢校長要求做到公正公平，視進用者或升遷者的才智能否勝任，絕對沒有任何請託或靠關係倖進的。

4. 高風亮節、清廉節儉 錢博士淡泊名利，在校長及院長任內，凡是其薪資以外的待遇都不會領取。據中研院陶秘書英惠表示他擔任中研院長十三年來，特支費都是用來補貼同仁生活的，或難報銷的公務用費，他自己分文未領。

   筆者擔任其英文幕僚，常有最速件的英文信函發送，必須赴校長公館請其簽名的機會，發現校長生活節儉，三代同堂家庭（其三公子錢復部長及其家人與校長暨夫人同住）家人相處和樂，伉儷情深令人稱羨。

5. 愛國、愛同仁及學生 錢校長愛國心很強，民國五十年代中期，美國學界及媒體逐漸有親中共的言論，錢校長憂心忡忡，吩咐我多閱覽英文書報期刊，看到任何不當言論向其報告。他不加入政黨，維持台大學術自由的風氣。

   在關顧同仁及學生方面，他對同仁及學生視同子弟或親友，極其關顧，有少數同仁家境不好向其借錢或借薪，經校長查明確實在困境中，會核准借錢給他，或預借薪水。有些情況代他申請到其他社會資源，例如龍冠海主任（社會學系主任）晚年中風成爲獨居貧病老人，錢校長請我代辦手續向台大醫院社會服務部申請到三千元的醫療救助費。

   學生擬在畢業後出國深造請其寫英文推薦函，大多數都會允准推薦。國外大學對這封推薦函很重視，至少獲得入學許可，獲得獎學金的機會甚多，凡是他推薦的畢業生，出國前都會召見，親切地叮嚀其如何適應國外環境，學業及生活方面應注意的事項等。接見一位學生往往花費他半小時以上的時間，他都很樂意。

6. 終生致力於學術研究，誨人不倦　錢校長手不釋卷，上下班坐在轎車上都在勤讀。對部屬及學生隨時都身教言教。

三、治校理念

1. 先奠定科技基礎

   錢校長接掌台大之初，師資及學生對於科學新知尚嫌不足。亟應強化這方面的新知及技術。
2. 提升學術水準

   鼓勵師生勤於研究以提升學術水準。
3. 各院平衡發展 並無重科技而輕人文及社會科學。
4. 性別、種族、地區一律平等毫無差別或歧視。有一次文學院沈剛伯院長到校長室，要求錢校長對研究所錄取名額設限，不可錄取太多的女生，以免文學院將來沒有傳人了。校長回答說：「這些女生都是成績好考取的。如何設限呢？這樣就是性別歧視了」。在一次公開場合中，錢校長當衆表示：「我有兩位得力幕僚，那先生和沙先生，他們都不是漢人。那先生從姓氏看就知道他是滿族。沙先生經我查考，她是回族。那先生是我的右手，沙先生是我的左手……」。聽者不信，找我問詢，我答遠祖確實是回族，但是我上代137代祖先是將軍，作戰立功，

民國五十二年十二月台大第一支對外醫療服務隊
坐右至左：魏火曜院長、思亮先生、邱仕榮院長
（國立台灣大學醫學院附設醫院提供）

皇帝在殿上賜一塊豬肉，吃了之後就不能作回教徒。錢校長的精明，連部屬的來歷都查的清楚。那先生和我不僅沒有受到種族歧視，反而受到器重。此外錢校長看重的是部屬的才能，根本沒有外省人和本省人的差別。

5. 與國內外大學合作及建教合作
先提升學術水準與國外大學學術水準相若，才可以談合作。至於與國內大學及企業合作有互補及交換作用。總之能增加師生深造、訓練技能、就業、增益本校經費及加速發展等功能。
6. 增設系所，增建校舍，充實設備。

四、對本校的貢獻

1. 使台大成爲一流大學，錢校長的做法是：⑴遴選教師出國進修。⑵聘請海外歸國學人或國外大學著名教授擔當本校副教授、教授或客座教授。(3)推荐大批本校畢業生出國進修。(4)增設系所，尤其是研究院所的碩士班及博士班。最先設博士班的是理學院化學研究所自五十五學年度開始增設，其後文法工農醫五學院師資設備已具備設研究所的條件，亦相繼增設，使國內亦能栽培出高級人才。

2. 維護學術自由的風氣不受政黨及外力之干預或牽制。
3. 國內外校際合作成果輝煌:
   (1) 台大當時與國外大學合作計有：華盛頓大學、加州大學、密歇根州立大學、哥倫比亞大學、杜克大學進行學術合作、交換學生、遴選教師出國進修等。
   (2) 本校與國內學術研究機構及大學間的合作有中央研究院、國立清華大學、成功大學、交通大學，合辦數學、物理、化學、生物、工程、農業等研究中心。
   (3) 與國內外各文教機構或基金會謀取合作，栽培教師學生深造諸如哈佛燕京社、中基會、亞洲協會、福特基金會、李氏基金會。
   (4) 與國內有關機關或公民營企業辦理建教合作，接受委託進行各項專題研究計畫。
4. 建立公平公正的制度，如創設教師遴聘委員會是校園民主化的起步。
5. 錢校長以自己的聲望及情誼爭取到國外基金的補助設立系所以加速本校的發展。諸如爭取到亞洲協會補助經費設立社會學系。

6. 錢校長對本校最大的貢獻是他的身教言教，潛移默化，影響本校教、職員及學生，改變氣質及行爲形成一種風氣，應該稱爲台大精神，這種精神之持續及發揚光大，是錢校長對本校最寶貴的貢獻，也形成台大永續發展的基礎。

作者曾任國立台灣大學校長室英文秘書

錢思亮院長與我

◎ 李壬癸

1970年春季，我在夏威夷大學語言學系準備博士學位學科考試，李方桂師爲我安排到中研院歷史語言研究所任職，不巧碰到王世杰院長一直在病中，因此我的副研究員一職就一直懸著無法定案。後來王院長於四月間去世，錢思亮先生於五月正式擔任中央研究院院長之職，我在中研院的職位很快就拍板定案。我也於六月間順利回國到中研院任職了。

錢院長做事一向謹慎細心，這是很多人都知道的事。1972年秋，我再到夏威夷大學去撰交博士論文，於次年六月間要應聘到新加坡南洋大學任教職。該校發給我的聘書一聘就是三年，若提前解約，另有規定。我向中研院只提出請假一年的申請，錢院長仔細看相關的文件，並且在公文上批得很仔細，最後寫的大意是：一年之後，屆時不再提出續請假的要求，始可同意。當年新加坡有如香港，大學教授的待遇相當優厚，比台灣至少高三、四倍，而生活費又很低，只可惜學術研究風氣欠佳。1973年秋，中東以阿戰爭再度爆發，因而有能源危機，物價飛漲，台灣更是首當其衝。經過愼重考慮之後，我仍然如期回國到中研院復職。初回到台灣，覺得什麼都很貴，除了日常生活必需品之外，什麼都不敢買，而不像在新加坡時，想要什麼就買來用。不過，從長遠來看，當年所作的決定是正確的。我更要感謝錢院長的秉公處理。

我於1974年7月回國之後，更大的困擾是出國的手續非常繁瑣，出國旅費尤其難以張羅。回國後那幾年，我很少有機會出國參加學術研討會，偶而才有難得的機會。1975年，國語日報社要洽請李方桂院士到印尼去出席有關國家語言的會議，方桂師就推薦我去參加。1977年，美國語言學會要在夏威夷大學舉辦暑期語言學講習會，爲期八週，我很想趁此機會去充電，就向國科會申請。事後我才知道，多虧錢院長看到我的申請案之後，他親自打電話到國科會承辦單位去洽商，我才順利獲得國科會的全額補助。此事固然讓我銘感於心，唯一的一點遺憾就是我一直沒能當面向他道謝。

錢院長公務那麼繁忙的人，卻對院內的研究人員也都有相當的了解，尤其難得的是，連我這樣的一個小人物，他居然也都叫得出名字來。有一次我到旅館去見方桂師，剛好錢院長也有事親自到旅館去找他。他從櫃台打電話上來，方桂師順口說，「Paul正在我這兒。」錢院長一上來看到我就說，「我以爲是哪一個Paul，原來是李壬癸先生。」我既驚訝又佩服他的驚人記憶力。

有一次在開會休息閒談時，談到某一知名學者且擔任過不少行政工作的，有人就稱讚他「一生清廉，並不愛錢」，錢院長只是笑一笑，並沒說什麼。他顯然並不以爲然，卻又沒有當場反駁，這就是合乎古人說的「隱惡揚善」的涵養功夫。錢院長擔任過台灣大學校長多年後又擔任中研院院長，大小公事最後都會送到他那裡，他閱歷既豐，又能知人善任，長者的風範確實令人折服。

談到錢院長，自然而然地令人想到胡適院長。當年台大傅斯年校長突然腦溢血去世，政府本來要聘胡先生繼任，胡先生就推薦錢先生。胡適先生一生助人無數，但他本人很少向人提起。從中國大陸流亡到美國那幾年，他的經濟狀況並不寬裕，但常自掏腰包濟助有潛力的年輕人在北美繼續深造，如陳之藩、彭明敏等幾位先生。他當時只告訴彭先生，他找到了一位願意按月供他生活費但不願具名的人士，彭先生也就信以爲真。直到胡先生去世之後，錢先生才把真相告知彭先生（時錢任台大校長，彭任台大政治系教授）。彭先生聽了相當後悔，責怪自己當年怎麼沒想到並親向胡先生道謝。胡先生協助陳之藩的事，寫在陳先生的小書《在春風裡》有九篇紀念胡先生的文章，其一寫到胡適先生給他的回信內容：「……我借出的錢，從來不盼望收回，因爲我知道我借出的錢總是「一本萬利」，永遠有利息在人間的。」錢院長的爲人頗像胡院長。

作者爲中央研究院院士，現職於語言所學術諮詢委員

追隨錢院長二三事

◎ 趙保軒

民國四十三年春，政府決定全台灣大專院校實施軍訓教育課程，調訓全台高中工作優良之軍訓教官，於四月一日在政工幹部學校講習兩週。各大專院校校長及訓導長都應邀參加，並報告各校情況，那是我第一次見到錢校長。結訓後，我們十七位年輕教官去台大訓導處報到，蒙訓導長傅啟學先生接見安置我們住在第一男生宿舍。六月下旬，訓導處要派一位教官擔任帶領同學去馬祖勞軍，大家共推我前去，我連日奔走，集合了十四位男女同學去馬祖，以訪問海濱碉堡為主。我們翻山越嶺，步行在崎嶇不平的山路上，前往海濱碉堡訪問。實地瞭解軍士們的生活，噓寒問暖，講故事、說笑話，送上青年學子們對他們的敬意、溫情與關懷。我們並且以排為單位，舉辦同樂會，由戰士們和同學們輪流提供節目，節目雖不精采，但確引起大家的參與，熱情奔放，歡笑一堂，樂翻了天。爲孤寂緊張的前線戰士們帶來無比的熱情與鼓舞。同學們也體驗了將士們保國衛民的辛勞，血溶與水的交流。馬祖將士們對我們這一隊，認爲是最優秀的台大青年學生勞軍團，報以最高的感謝，這是我在台大錢校長領導下做的第一件事。

四十三年十一月初，台大需派二人往高雄六十兵工廠領取一千五百支步槍，供學生術科訓練之用。帶五千元台幣，如有不夠，可在當地再續借五千元，以一萬元爲上限。十一月十二日搭乘晚間平等號火車南下，次日清晨六時抵達高雄，立即前往高雄救國團支隊部洽商領槍，承辦員要我們過幾天再來領取。但我說十五日爲台大校慶，我們必須今天趕回去，務請協助速辦，幸得最完整的好槍一千五百支，接著又是運輸問題，幸能向高雄要塞司令部商借兩部大卡車開往高雄貨運站。站方允諾給兩節貨運車廂裝槍，言明要由我們自己押運。我二人寸步不離的守著這些槍支，以免發生意外，買些水及乾糧充飢，入夜寒冷，也只有捲曲忍受。熬到台北車站，已經是十四日清晨六時許，在車站電告高總務長。高先生立即囑告租車運儲於校警隊傍之兩間空屋內，由校警隊負責接管；說你們辛苦了，請好好休息。後來，錢校長聞知此情，甚爲驚訝，僅憑我二人之力，一天兩夜內，安全快速的辦妥了這件大事，所費卻不到千元，真可謂備極辛勞，敬業有加，在校務會議上熱烈討論，認爲史無前例，應予表揚，決定給我二人各記功二次，以示獎勵。

四十三年秋，教育部公佈，來台的大專失學青年，可持相關證件向該部登記，經核准後，分發相關學校就讀。這一個德政，令我們這批因戰亂而失學的青年欣喜萬分，我被分發到台大政治系三年級下學期就讀，在四十四年春入學，我辭去台大教官一職，成了台大錢校長的門生。我在台大就讀時，忽接救國團通知前去接任台北市私立強恕中學教官，我因已失學多年而今難得有機會重回校門，故而婉拒徵召。但因爲該校校長及教務主任堅請相助，難以推辭；不過我要求將軍訓課程調整，勿與我在台大所修課程衝突；而且學期已過半，管理組長仍由代理人續任。如此我得以兼顧了自己的課業。

就讀台大畢業後，於四十六年秋重返台大，杭總教官見我有台大學歷，便派我擔任第九宿舍研究生的管理工作，他們多半在研究室或實驗室，平日聚晤甚少，和平相處，瑣事不多。強恕鈕校長乃請我兼課，於是我經常來往於台大與強恕之間，雖然忙碌卻感身心愉快。

五十二年六月某日，台大同事孫教官氣憤的向我訴苦，因總教官懷疑他向上級打小報告，使他蒙不白之冤。幾天後，他想不開，竟然服毒自殺。幸好我去他住處教官室探望時發現，送往台大醫院急救，及時救回。但後來總教官懷疑我與老孫唱雙簧，說他假服毒，我去報告，侮陷於我，真令我氣憤填膺，要辭職離去。軍訓處李科長幫我調去板橋國立藝專。在我離校前一天，蒙錢校長召見，校長慈祥和藹，親切詢問孫教官一事，我據實報告，校長認爲此事係總教官處置不當，對於我救人一命，反遭懷疑，真乃好人難爲也，深表同情，但教官調動權在總教官，而不在校方，並囑以後再回來本校服務。這是我在台大擔兩任教官七年，做學生一年半以來，第一次面見我最敬仰的錢校長，真是如沐春風，永遠難忘。我何其有幸，七年後又在中央研究院做了錢院長的部屬。佛家說，有緣!

五十二年八月去藝專報到，這期間仍去強恕兼課，經常奔波於台北與板橋之間。五十三年八月下旬，中央研究院總務主任出缺，承武漢大學校友徐敘賢與李林學二位學長推薦，蒙院長王世杰先生面談後，要我九月一日到中研院報到，開始上班。王院長特別交待到機場接送海外歸來開會院士，必須我親自代表他前去接待。

五十四年七月由中研院、台大、清華合辦暑期科學研討會。總統 蔣公茶會歡迎，晚間嚴副總統設宴招待。當日我特別忙，晚間回到院內急忙入浴時，因爲太疲勞，不愼滑倒在浴盆，竟致昏迷，坐骨受傷，又因忙於公務，無暇治療，半年後惡化到幾乎不能行動，從此種下時好時壞的腰背痛苦，一直拖到五十八年八月，才因健康實在不良，辭去總務主任職務，改調院長室秘書，承辦機要業務，並代表院長接送每年由海外歸來的院士及學人們。數年下來，我與院士們較爲熟悉，故也。

回憶歷年院士接待一事，均好辦理，唯獨機場接待，手續惱人。我與關卡單位據理力爭，凡有院士搭機來台，即由中研院簽發公函給機場各單位，要求禮遇，讓院士們由公務門出入，免驗行李。此事後經蔣彥士部長奉蔣經國院長之命邀請相關政府單位研擬，我的建議獲得全體與會單位通過，付諸實行。院士來台，大都由我一人前去接待，雖然日夜奔波，辛勞備至，能爲諸位院士盡一點棉力，也是我的光榮與任務。

五十九年四月十二日，王院長在評議員大會中宣佈說，迭次請辭院長職務，今已獲總統批准。五月二日臨時評議會議，選舉三位院長候選人。出席評議員三十人，需達十六票過半數才能成爲候選人，由總統在三位候選人中圈選一位。第一次投票結果，僅錢思亮院士得廿五票入圍。經五次投票後，才選出三位過半數的候選人，當日以結果呈報總統府。五月六日，總統特任錢思亮院士爲中央研究院院長。六月四日在院長室舉行交接典禮，由總統府秘書長張群先生主持。原代理總幹事李亦園先生請辭兼職，回任民族所長。本院總幹事一職，自十一月一日起，由高化臣先生擔任，高先生爲台大前總務長，是錢院長的舊屬，自當盡心盡力襄助院長推行院務，不過在接待院士方面，二位長官均囑仍然由我負責，因爲我駕輕就熟之故。高先生曾任教育部總務司長、常務次長，專長與經驗均非他人可比，受院長之重託，對院務之改革貢獻良多，增設研究所與籌備處，如地球、資訊、生化、美文(今改爲歐美)、三民主義(今改爲社會科學)、生物醫學、原子分子等七所。擴充研究大樓，設備，人員，經費。給人有日新月異之感，然而在行政事務方面，時有不能遂願之處，自五十九年六月迄至七十一年二月，十二年內，更換了五位總務主任，所幸得高總幹事輔佐，彌補缺失，然高先生行將退休，錢院長深知，總幹事和總務主任是他推行院務之骨肱重臣，在高先生退休前，必須先覓得總務主任人選。後來，經院長和高先生告之，他二人曾多方考慮院內院外人選，經慎思熟慮之後，不約而同的要徵召我出任。七十一年二月某日上午，蒙院長約我面談，先對我在台大與研究院的工作表現和敬業精神，大加讚賞，接著請我接下總務主任重責，不做第二人想，我聞此甚爲震驚，立即婉拒，表示不能勝任，懇請院長在其衆多門生與院內同仁中另擇適當人選，談了半小時仍無焦點，我乃向院長行禮告退。當天下午二時，高總幹事又約我面談此事，開門見山的說：請你接總務主任是我推薦的，也是院長十分屬意的，你總不能讓我坐臘。表情氣惱的責問我爲何拒絕？我答：我內人和孩子在美國，希望每年暑假利用休假前去探望，家人團聚……總務工作繁重而我又有舊疾在身，實在難堪重任。話不投機，不歡而散。次日上午十時，院長由故宮博物院開會回院後，又約我面談，懇切的對我說：平日，等著我批閱的公文成堆，裝滿兩大皮箱，今天我全擱在家中，專門與你談接掌總務主任一件事，如果你有困難，可以商量解決，但這忙你非幫不可。錢院長是我最敬仰的老校長，如此誠懇親切的對學生提出這樣合理的要求，真令我惴惴不安，自問我何德何能，如此固執違逆，拂了他老人家的心，只好答應試試。院長立即起身，高興的伸出雙手，緊緊握住我，連聲道，謝謝…深怕我變卦，馬上問我有什麼要求，我說沒有任何要求，僅請院長留意一事，從今以後，如有人打小報告批評我的不當，懇請院長問明是公事，還是私事，如爲公事確有不當之處，我定當虛心接受與改正，若爲私事而有過份要求者絕不接受，我處事一向以公正爲主，決不循私，難免得罪於人。院長聞此曰：我在台大當了十八年校長，這種事我很清楚，請你放心好了…。下午，高總幹事約見，進門就向我道賀。並說：你接任，院長和我都很放心，因爲你是院中老將，又是前朝總務主任，對院內情況瞭如指掌，希望你放手一搏，力展新猷，請於三月一日上任，我陪你去各所各組室走一趟。君子一諾千金，兩位又都是我的老師、老長官，這一付沉重擔子我自當全力以赴。

高化臣總幹事於七十二年一月退休前，即與院長研商決定，敦請韓忠謨先生接任總幹事，韓先生在台大錢校長任內，曾任法學院長、訓導長，後任銓敘部部長、司法院副院長、總統府國策顧問，於公於私，均爲最佳人選。七十二年一月，韓總幹事上任。同年四月，院長應西德漢學研究院之邀請，由朱炎博士陪同前往，在西德訪問之後，轉往美國，接受其母校伊利諾大學頒授之傑出校友獎等活動，返台次日即來院上班，加之在國外長途奔波，積勞成疾，不數日即感身體不適，住台大醫院檢查，病情一度嚴重，進駐加護病房，探視頗受限制。心臟科專家余南庚院士由美來台前，受錢煦院士之託，由我及長公子錢純先生陪同，親往台大醫院探視，先看X光片，再臨床診治，認爲病情已轉輕，不日即可出院，但爲安全起見，乃決定轉公教病房靜養。我等經常前去探視，每一次探視，都見他進步好轉，神清氣定，心情愉快，足見院長修身養性，即使在病中，也不見其焦躁、愁眉、痛苦。在一次探望中，院長微笑著說，他能在走廊內行百步而不累，大有不日即可出院的希望，我便向院長道賀並請示可否告假赴美探親，立蒙允准。八月初抵達洛杉磯，兩年不見妻兒，正在享受天倫之樂之際，九月中旬某晚，新聞報導中突然傳來院長病故的噩耗，頓感悲痛、哀悼與震驚，怎麼！我離台時尚好端端的，慈祥可親的長者，我最崇敬的院長，就這麼離我們而去了呢！我馬上電告韓代院長，明日我就設法改機票趕回去。廿一日抵達台北，直奔錢公館，長公子錢純副總裁在家守孝，待我向故院長的遺像行禮後，即請示錢先生有何事要我辦，他請我去參加下午一時在三軍俱樂部的治喪會，籌備治喪事宜。回院後，立刻向韓代院長報到，請示，承其面告，等下午參加治喪會後再決定。高化臣先生也前來參加，治喪會決定，由長公子所服務的單位中央銀行主辦，其他單位協辦。因錢氏父子，一門四傑，在政、學、財經界都位居要津，顯赫出衆，公祭當日，景行廳內冠蓋雲集，鮮花、輓聯無數，佈滿靈堂內外。參加公祭者千餘人，儀式隆重、肅穆，發喪隨行車輛數十部，浩浩蕩蕩。墓園座落在陽明山上，面朝淡水河，視野廣闊，一代哲人與夫人長眠於此。

諾貝爾物理獎得主，丁肇中院士，爲探視其父病，初次來台，來電要求中研院派人接待，並要求切勿驚動記者先生，錢院長再三叮囑，接機後逕往圓山大飯店，務必保密，他直接去飯店等候大駕。院長一時沉思，感觸往事，對兒子感到驕傲，關愛之情，溢於言表，令我動容，心生儒慕，想我自幼因戰亂而流離失所，孤軍奮鬥，如今我的雙親安在？兄弟安在？不禁淚濕滿眶。

院長有三位公子，長公子錢純先生，曾任中央銀行副總裁，財政部部長，行政院秘書長。二公子錢煦先生，不僅是中央研究院院士，也榮獲美國國家科學院院士，國家醫學院院士，國家工程學院院士，中國科學院外籍院士等多項殊榮，在各項學術領域中有超越非凡的成就。三公子錢復先生，曾任外交部駐美代表，外交部部長，國民大會議長，監察院院長。一門三狀元，若院長天上有知，必然滿心歡慰。

平日，院長神情自若，慢條斯理，對屬下輕聲細語，諄諄善誘，愛護有加，從不嚴厲申斥，交辦事項條理分明，講效率、求完美。我追隨其左右十三年，陪同他親自接送院士，與院士們全台參觀訪問和其他活動，後兩年我承辦總務，事多繁雜操心，紛紛擾擾，幸得院長的信任與鼓勵才能諸事順利，良師益友，楷模常在，點點滴滴，言猶在耳。

作者曾任國立台灣大學兩任教官、中央研究院總務主任、院長室秘書
畢業於台大政治系（民國四十六年）

錢思亮小事三椿

◎ 林中人

前台灣大學校長，中央研究院院長錢思亮先生，博學謙和，衆所共仰。他綰領台灣教育及學術重鎮多年，風評極佳，真是一位標準的公教人員。然錢先生在私生活方面尚有幾椿鮮爲人知的小故事，說來令人粲然。

當錢先生在中研院任內已年近古稀，公務仍繁。時內子劉女士以秘書處專員入值院長室，處理機要，鎮日相處，耳目所及，見他老人家的生活點滴，常向我娓述經過，相與感嘆，似值追憶。

一、鈔票最髒

錢院長桃李滿天下，每逢年節，學生們的賀年卡片紛至沓來，面對此景，他事必躬親，連回郵都不放過，因他恐工友們公私不分，胡亂貼用，有損公務也。

某次因郵票不足，囑內子墊錢向樓下郵局購買，他笑語說，他是學化學的，認爲世上最髒的東西就是鈔票，人人觸摸，相互傳染，極爲可怕。因此自成家以後，即將薪水袋「原封」交給家人，身邊支付，統由司機負責辦理。

二、電話帳單

思亮先生自夫人仙逝後，膝下三位公子（未聞有女兒）俱已成家分居，沒住在一起，因之台北市福州街官邸僅住有他及燒飯的女傭、開車的司機，三人而已。據替他管錢的紀姓司機云：老人家床頭有一具電話，機旁置有一帳單，對掛號的國際電話，必親筆錄其時間及通話次數，且告誡司機說：他在家絕不用電話談公事，所以長途電話必與持節在美國華府的么兒家人聊家常。所謂么兒者，乃我國駐美代表錢復先生是也。

因此，電話費絕不可報公帳，切記，切記。

三、細讀壽字

某週日午後，錢院長忽致電舍間笑對內子說起：上星期是他小生日，經國總統不遺在遠，賜贈金門高梁酒二瓶相祝，此酒瓶外形飾有百壽篆字圖案，左右每邊應有五十壽字相襯，但我在某一邊上數來數去似有一邊爲四十九字，頗爲不解？是否年邁數錯，抑或該酒廠漏刻，必須搞個清楚。乃囑內子於明日下班時向紀司機索取空瓶，代爲計數，以求證云云。

我聞此屑事，忍俊不禁，但忽然想此乃錢老院長一絲不苟之求真態度，表露無遺，足令人起敬。

緬懷先賢之三樁小事，裨益後世，應爲極大啟迪，記得文天祥正氣歌中似有「哲人日已遠，典型在夙昔」之句，該是最好的寫照。

林中人爲筆名，作者本名林德觀
其妻劉德華女士爲中研院秘書處專員，曾入值院長室協助處理機要

編註：本文原載於寧波同鄉會刊第460期，惠承該刊同意轉載，在此敬表謝忱。

錢校長思亮對我的影響
錢校長一百週年紀念

◎ 王勝濤

台灣大學已故錢校長思亮先生，一向是我敬仰的人。在台大醫院的時候，我常常見到他，但是與他面對面晤談則只有一次。

記得那是一九五六年八月初旬，我已辭去台大醫學院附屬醫院的工作，準備到美國繼續讀書，且已訂好機票，遠行有日。

那一天，一早，我先到台大醫院向魏院長火曜辭行。接著又騎腳踏車奔向台大校本部向錢校長辭行。當時風和日麗，天氣晴朗，夏日尚未高昇，路上行人稀少。校長辦公室大門敞開，校長正在閱讀文件，我敲敲房門，他抬起頭來，招呼我進去坐定，我向他稟明來意，他面帶笑容，爲我能夠到美國去深造而高興。又說了一些鼓勵的話，他又告訴我那個我即將去學習的學校（Nebraska大學），有位著名的有機化學教授（Dr. Lesile D. Doorenbos），是一位很有學問的學者，到那邊，不妨找機會聽聽他的課，對我會有益。他一面說，一面用筆在紙上寫下那位教授的名字交給我。那溫和的話語，誠懇的態度，關愛的眼神，就彷彿是我的家長親人。他，一位大學校長，一位學術權威，但是他那樣平易近人，他，樸實、安祥、謙虛、坦誠，愛護青年。他，像冬天的太陽，像春天的風，使第一次踏出國門的我，感到安慰，感到寬心，感到鼓舞。我走在回家的路上，覺得比來時輕鬆多了，也踏實多了。

校長錢思亮，他是一本書。一本做人的書，也是一本做學問的書，從那一刻起，他的形象便深深的刻在我的心版上了。

我後來到學校以後，特別留意選了錢校長介紹的Doorenbos教授的課，使我日後在有機化學應用上獲益匪淺。

光陰似箭，我在美工作將及半個世紀。大部分時間都在大學醫學院及附屬醫院任職。當我教人的時候，我就會想起錢校長，和錢校長的臨別贈言。我會盡心盡力付出我的愛心，如果說我有一點成就，我得感謝錢校長，是他影響了我！

作者曾任國立台灣大學醫學院附設醫院藥劑師

學　生

懷念導師錢思亮先生

◎ 蘇勉曾

抗日戰爭勝利后，1946年5月國立西南聯合大學在昆明結束，北京大學復員北平。胡適先生任校長，曾昭掄先生任化學系主任，錢思亮先生回到北大任教。1947–1949年1月在曾先生赴歐洲講學訪問期間，錢先生代理化學系主任職務。錢先生主講結構有機化學和指導學生的畢業論文。錢先生是一位德高望重的教授，也是一位忠厚待人的長者。他秉承蔡元培先生兼容並包自由思想的精神，團結教師、關愛學生，深受師生門的愛戴。在此期間我有幸在先生的指導下完成了我的畢業論文："取代基對於苯酚滅菌活性的效應。6-正己基、6-正庚基和6-正辛基-2，4二氯苯酚的合成"（刊於The National Peking University Semi-

Centennial Volume, Science Series, p.1–6, 1948；並在中國化學會1948年會上宣讀）。論文的選題具有理論聯繫實際的意義，試想從改變苯酚分子上取代基以增強其滅菌效力而減弱其毒性。實驗是從二氯苯酚開始，經羧酸酯化、羥基酮基重排和酮基還原等反應，最后得到以上三種新的化合物。當時的實驗條件很差，缺少必要的設備和試劑，都需要自己動手製備。例如幾個直鏈多碳羧酸就是由減壓裂解篦麻油劑製得的。每一步反應生成的中間產物都需要分離提純、分析鑑定，確定其成分和物性。在錢先生親切的指導下最終合成得到目標產物。論文工作使我受到了嚴格的科學訓練，樹立起求真務實的精神，爲我以後的教學和科研工作奠定了紮實的基礎。

1948年12月我們曾去北平南河沿大街錢府送別錢先生一家，後來得知錢先生先後榮任台灣大學校長和中央研究院院長，繼續領導教育和科學事業，功勛卓著，十分敬佩。但多年來先生與我天各一方，不能相見。只是於2000年8月在中央研究院參加無機化學學術會議時，才得以參拜先生的紀念室。值此錢先生百年冥誕，追思先生的教導和恩情，回憶先生的音容笑貌，歷歷在目，永世難忘。

作者任北京大學化學與分子工程學院校教授
畢業於北大化學系（民國三十九年）

舊事點滴*

◎ 葉蘊華

去年12月曾隨北京大學代表團赴台灣訪問，並有幸見到錢復先生，台灣之行給我留下了美好的印象。

我的老師邢其毅教授曾是錢思亮教授的摯友，他們兩位都是有機化學家。30年代在美國伊利洛大學同一導師Roger Adams教授的指導下，先後獲得哲學博士學位。抗戰期間他們同在上海新亞藥廠工作。據說當時他們兩家來往密切。46年后他們又一起來到北平，同在北京大學任教，直到1949年錢思亮教授離京赴台灣。臨走時，錢先生還留了一隻箱子請邢先生保管，後邢先生將這隻箱子交給學校保存，直到90年代，知道錢煦教授訪問北京時，邢先生

*編註：此文爲葉蘊華教授的來函，標題爲編者所加。

從學校找回這隻箱子，並和邢師母親自送到錢煦教授下榻的賓館交給錢煦教授。不幸的是邢其毅教授於2002年仙逝（91歲），我知道的就是這些情況。邢師母，錢存柔教授仍然健在，她已89歲高齡，我去她家看望她時，她說當時處於戰亂時期，沒有留下什麼相片或文字材料。不過她要給錢復先生寫一封信。

我現在也已退休，我找了我們化學學院的領導，希望化學學院能提供關於錢思亮教授的情況材料。據我瞭解，我們學院蘇勉曾教授與他的夫人黃竹坡教授均是錢思亮教授的學生。他們二人均已退休，但還有不少美好的回憶。蘇先生說，他發表的第一篇論文就是在錢思亮教授指導下完成的。錢思亮教授一家離開北平時，他還去送行。所以您最好給他直接寫一封信，邀請蘇先生寫一篇回憶文。蘇先生1998年曾去台北中央研究院訪問，並提出希望能去錢思亮教授墓地進行憑弔，但是接待人說因地點較遠，時間不允許而未能願，蘇先生感到十分遺憾。

另外，我建議您最好与我們學校校友會聯繫，請他們到北大檔案館去查找有關錢思亮教授在北大的工作情況。地址如下：北京100871 頤和園路5號 北京大學校友會會長收。我相信校友會能提供有關錢思亮教授在北大的一些情況。

作者任北京大學化學系教授
畢業於北大化學系

錢思亮先生與我

◎ 羅銅壁

民國卅八年某一天的上午，潘貫教授帶了一位陌生人到二號館三樓的研究室，說是剛自大陸來的錢思亮博士，將在化學系任教，這是我第一次與錢思亮先生見面。錢先生在美國伊利諾大學修得博士學位，主修有機化學，是Roger Adams教授之學生。他一口標準北京話（我剛學習國語也可大體聽懂所講之內容），溫和誠懇的談吐，留美學者的氣質（當時我接觸過的都是留日或留德的學者），給我深刻的印象。當時化學系負責全校化學共同課程之教學，開了普通化學、分析化學、有機化學等三門課，都是由最資深及有教學經驗的教授擔任；他非常認同這原則，而加入這行列，開了普通化學及有機化學兩門課。他上課時不但學生滿座，且吸引不少旁聽的人；對我而言除了聽課外，還探究學習

民國四十八年錢思亮校長赴美出席「中基會」董事會，順路訪問舊金山（在舊金山機場）

教學方式，並學習國語，真是獲益匪淺。但到民國卅九年，他兼任教務長後，即停開有機化學；民國四十年就任校長後就不再開課了。不過四十年代初期，他還應邀到校外做學術演講。他經常當場示範實驗，所以上課或演講均非常生動而有趣；他非常賣力推動這樣的教學法，但遺憾的是，沒人能發揚光大。

錢校長擔任台大校長十九年，除重視大學部教育之通識性，不盲目增設系組（是他的執著亦是他的理念）外，亦重視教學，鼓勵學術研究，及促進國際交流合作，使台灣大學在此理念下發展成爲完整的綜合性研究大學，錢先生的貢獻是不可言喻的。錢先生於民國五十九年轉任中央研究院院長，在任的十三年期間，中研院之改造亦在同一理念下進行，而奠定了中研院的發展成爲今日規模的基礎。他默默耕耘不誇耀的行事態度，是值得大家敬佩及永遠懷念的，而其辦學的一貫理念，我們也應該堅持下去。

我因在化學系，所以錢先生到台大的第一天就有機會相見；往後卅四年歲月，在化學系、在台大、在中研院常常受到錢先生的指導、照顧、幫忙，使我的一切工作能夠順利完成。錢先生辦學理念及處事的原則對我有非常深遠的影響，所以後來我在教學行政方面的許多努力，都是出於感恩及繼承他的理念做的。

我擔任理學院院長時，錢先生當年爲學生實驗籌建之化學館已不敷需求，所以爲了改善教學環境及提升教學品質，興建了學生實驗大樓，且爲方便國際交流合作，更附設了國際會議廳（後來命名爲思亮館）。另外爲了提昇學術研究品質，與國科會合作，設立了貴重儀器使用中心。擔任教務長時，想起當年錢先生興建臨時教室之苦心，積極進行教室環境的改善；前後完成了共同教室大樓之興建，及普通教室之改建，同時把普通教室地下室規劃爲專用闈場（早期聯招制度之建立與推行，大多是在錢校長之主導下而完成的，其中印題工作也是錢校長最關心的工作）。

另外，中研院把新成立的生物化學研究所設在台大校園內，同時台大亦新設生化科學研究所，與之密切合作，促進生化科學之發展，開展了錢思亮院長要加強中研院和大學合作的新模式。關於這件事我特別要感謝錢思亮院長，民國50年我從美國回來時唯一的意願，就是要把我所新學習，而正在發展的蛋白質化學研究引進到國內，使得有更多的人可參與這新領域的學習與研究。雖然在台大化學系動用了可用的設備，運用有限的經費進行蛇毒蛋白質的分離純化，到民國55年發表了第一篇研究成果，但感覺要做到國際水準之研究，必須要有新的研究單位及設備方可達成，從此我就全心投入設立新研究單位的努力。首先學術上我自己要進一步充實，於民國53年（夏天）及民國57~58年（一年）再出國學習更完整的研究技術。另外對新單位之定位方面，當時在台灣中研院有獨立而唯一之國家級研究單位，要獲得特別支援比較容易，但人力支援（特別是研究生）比台大差。所以參考民國50年回國時參觀之德國Max-Plank Institute之模式，思考了一個構想。中研院成立一個研究所設在台大校園，另

←民國六十五年生化所舉辦「國際蛋白質研討會」（從左：閻振興校長、李卓皓院士、錢思亮院長、徐賢修主委）

台大也成立一個研究所招收碩博士班學生，互相支援進行教學與研究。這構想首先獲得剛到中研院的錢思亮院長及李卓皓院士同意，再來台大閻振興校長也表示贊同，更重要的是當時唯一有經費的國科會徐賢修主任委員也同意經費支援了。很快在台大校園之生化大樓及符合國際水準的各種研究設備就實現了。現在常常我被稱爲中研院生物化學研究所及台大生化科學研究所之創辦所長，但其實這個異種的優質組合，假若不是錢院長有先見之明同意帶動這種合作關係，是不可能實現的。

現在中研院對招收博士班學程上有一些問題要克服，但生化所已正在穩定中招收碩博士生的現況，我們要感謝錢院長當時的決定。以上點點滴滴都是爲了感恩，也是爲了繼承錢先生的理念而寫的。

作者畢業於台大化學系（民國三十八年）

↓民國六十五年「國際蛋白質研討會」完工之生化大樓前

吾愛吾師

◎ 韓伯平

1947即抗戰勝利的第二年，我自蘭州西北師院附中畢業到南京考區考上了北大和中大醫學院，我是北平人，自然選擇了回到已離別九年多的故鄉上了北大。

我能和久別的親人團聚，上理想的大學，非常快樂。好景不常，國共內戰不斷擴大，社會和校園動盪不安，我們有些課在沙灘本校的紅樓上課，沙灘校園是學生運動中心，常有罷課遊行不免喧鬧，但上理、化生物等課的理學院卻相當平靜。

理學院在景山東街，離本校不遠，院址原是康熙第四女和嘉公主的府邸，宮殿式的老房，花木扶疏的庭園，自成一體，和浮動的外界對比之下顯得特別安寧。

一年級普通化學各系合班上課，教室是公主府大殿改成的階梯式大教室，我最爲欣賞黑板上方篆體木刻，出自〈中庸〉的“博學之，審問之，慎思之，明辨之，篤行之”十五個大字，是極好的座右銘。

我初見錢思亮老師是在二年級上定性分析化學的時候，錢老師皮膚白皙，非常文雅，講話不急不徐，南方人說北京話少了老北京那種圓溜的腔調，很清晰動聽，錢老師態度溫和、親切，上他的課真是一種享受。在戰火方殷，動亂不安的大環境中，我還能享有這樣溫馨、安祥的時光，感到非常幸福。

我於1948年12月隨家人搭最後一班船自天津前往台灣時，在一再減縮的行李中竟然帶了整套定性分析化學的大考、小考發回的考卷（小考次數很多）而未及其他，這大約是基於我對錢老師的景仰而對這門課特別感興趣的緣故。

錢老師和家人後來也去了台灣，他從他的公子，也是我北大同班同學，錢煦處知我有這套考卷想借去參考出題，我當即呈贈，後來錢煦曾多次提到此事，想必那些考卷有點用處，我能爲錢老師做了一點小事，很是高興。

我去台灣之後原可轉入台大醫學院，但因家庭生計不得棄學就業，我心有未甘，最初幾年每年都考一所大學“備用”，希望情況好轉能再上學。我曾再考台大兩次，那時錢老師當台大教務長，他巡視考場看見我時笑著說：“韓伯平你又來考啦！”我雖有三次上台大的機會，但限於生活條件不得不放棄，很是遺憾。

我自1970年一直在舊金山工作，舊金山是美國西岸的門戶，免不了常要去機場迎往送來。1983年的一天，我送朋友登機後返回機場大廳，途中遠遠看見錢老師由一男一女在兩側隨同緩步走來，我趨前問安，知道錢老師正要搭機返台北，陪同的女士是錢老師的三媳，她向另位男士介紹我說是二哥（錢煦）的朋友，錢老師看來很疲倦，我不願他多勞神，祝他旅途平安後即匆匆告別，未料幾個月後得到了他逝世的消息。

錢老師當了多年台大校長和中央研究院院長，有很多建樹，我覺得最重要的是他在當年特殊的政治環境下，默默的傳承了北大學術自由的風氣，非常難能可貴，錢老師積勞成疾，是他的責任心和使命感使然，正如先賢所說的“鞠躬盡瘁，死而後已”，那是典型的中國知識份子的良心。時值錢老師百年冥誕，我特別懷念這位我所敬愛的老師。

作者在北大醫預科（民國三十七年爲思亮先生之學生）

永懷師恩

感懷錢思亮老師
從台大教務長到中研院院長期間的恩澤

◎ 張德光

我與錢思亮老師從1949年相識到1983年訣別，在這三十四年期間，有幸以沐錢師的德澤，使我終生感懷。

我原是國立廈門大學政治學系1949年的應屆畢業生。因遭內戰，校舍被守軍佔用，學校停滯，我便到台灣，希望能完成大學畢業。承蒙教育部杭立武部長寫了一封介紹信，我便攜帶這封信去拜訪國立台灣大學傅斯年校長，校長室女秘書，叫我給名片，我沒有名片，便在一張便條上寫了一個名字，仍承傅校長接見，我把來訪的目的是請求准我在台大就讀，他便說大陸到台灣的流亡學生太多，台大無法收容。我就告訴他我只差六個學分，即滿大學畢業所需的學分。他便說必須由教育部用正式的公文給台大，才可給我補修學分。我便問他是不是要給杭部長回信，他便把這封信丟在字紙簍裡。說已看過知道不必了。可見傅校長是一個講實際的人，不事官場應付。

那時政府剛撤退到台灣，我便到台北市浦城街丙字十一號教育部臨時辦公處去見杭立武部長，將傅校長給我的指示告訴杭部長，杭部長是一個有學者風範的賢明首長，他聽取我的報告，答應我的請求，由教育部以“台高字第一號”公文，飭令台灣大學准我補修學分，完成大學畢業。傅校長接到教育部公函，便交由教務處辦理。我便去拜訪錢思亮教務長，這是我第一次與錢師見面。他爲人和藹，處事明快，承他對我的案件，擬訂辦法，提交第八十二次行政會議通過。我終於獲得台大通過收容。我便到台北市徐州街十二號台大法學院去見薩孟武院長，我在福建時，便與他認識，承他題詞相勉。薩院長對我能來台大，甚感欣慰，讓我於1950年春季註冊入學，我選的四門課程及教授爲：陳啟天的“中國古代政治思想”、全漢昇的“工業革命”、張漢裕的“經濟名著選讀”、蕭其來的“南洋研究”。政治學系李祥麟主任指定由盛成教授爲我的畢業論文導師。我的論文題目是“論區域集團”，春季結束前提交，獲得通過。終於在台大政治學系畢業。因爲我有八個學期完整的大學成績單，才能來美國留學。所以，我能有今天，便是由於當年傅斯年校長和錢思亮老師的恩澤所賜。

我於1956年由台灣到美國留學，在西雅圖的華盛頓大學獲得政治學碩士學位，在華府的美利堅大學獲得國際關係博士學位。1966年應聘到印地安納州立博爾大學政治學系任教，獲終身教職，至今已四十一年，仍任教如常。

我於1969年，在出國十三年之後，應邀返國參加十全大會，承蒙台大校長錢思亮師設宴歡迎我和參加全大的台大校友，承蒙錢師熱誠禮待，倍感榮幸。

當國立政治大學劉季洪校長來美國接受紐約聖約翰大學榮譽博士學位時，我應邀前往觀禮相遇，承他面請我到政大講學，我便於1972至1973年應聘爲政大外交研究所，擔任由國科會資助的國家客座教授一年。又接到台大政治學系連戰系主任函請我擔任客座教授，但我已先接受了政大聘書，便只好在台大擔任兼任客座教授，講授"美國外交政策"，使我由"學生"變成爲"教授"，回饋母校。

錢思亮師擔任中央研究院院長期間，於1979年到美國訪問，我特地從印第安納州飛往芝加哥，參加台大校友會給錢師的歡迎晚會。我和他住在同一旅館，晚上長談，重聆教誨！第二天我請他和隨員在旅館共進早餐。道別之後，我去密歇根大學蒐集資料，因我應印度政治學會的邀請參加他們的年會，以"中國政治學發展"爲題，提出論文。因缺中國大陸資料，承該校政治學系奧森柏格教授（Dr. Michael Oksenberg）協助，他曾去中國大陸訪問，嗣後任卡特總統的顧問，對我提供非常難得的大陸資料。我在圖書館巧遇來自台灣的留學生，承他們共同熱誠宴請晚餐，主人之一包宗和同學，便是今天的台大副校長，兼任人文社會高等研究院院長。於1994年國際政治學會在柏林舉行世界大會時，我邀請包宗和教授在我主持的亞太議題討論會上，提出論文。如今欣聞他已與德國高等研究院建立交流。祝福他的成功。

張德光全家福［含張德光、張金幗嫦、張安麒(子)、廖達玲(媳)、張元華(孫女)、張安麟(長女)、張安麗(次女)、愛世龍(婿)、張安驊(么女)

1980年到1982年，我擔任美中華人學術聯誼會會長期間，在芝加哥舉行年會，邀請行政院青輔會主任委員連戰演講。陳奇祿教授爲主題演講人，他演講“中華文化發展”宏論精闢，開拓創新，後來行政院成立文化建設委員會，由他擔任主任委員，深慶得人。

我在美中華人學術聯誼首次創辦“頒發十大傑出成就獎”，選拔我國在各種領域裡有貢獻人士，精選結果，十位得獎人爲錢思亮、杭立武，李國鼎、陳奇祿、徐賢修、錢煦、蔣碩傑、傅京孫、徐享、丘宏達。

我特別說明，錢思亮和錢煦父子二人獲選是巧合，是因爲他們在不同領域的特殊成就。這是我第一次對錢師以表感報。

錢煦師兄那年擔任“美東華人學術聯誼會”會長，曾請我到紐約參加他的年會，這次他到芝加哥親自領獎，倍感親切。

1982年到1983年，我承蒙錢思亮院長延聘我到中央研究擔任美國文化研究所客座教授一年，使我得以重沐錢師的德澤。

記得那年正好外交部的錢復師兄獲派爲駐美代表。這是我國與美國有邦交時的駐美大使的職位。錢復才華，衆所週知，他首次外派，即獲重任，確是殊榮。我特地到院長辦公室向錢師祝賀。他不在辦公室，我便留條致意。那曉得隔天他竟到我的研究室來看我。我剛好到圖書館去找資料，職員告訴他之後，錢師便到圖書館來找我，就在那裡坐下來交談爲歡。承蒙錢師禮賢下士，使我深感他的特惠恩愛，終生難忘。當他離開圖書館時，不知從那個樓梯出去，幸好由館員帶路，可能這是他第一次到這個圖書館。

錢師有一次在他辦公室告訴我，他對內主持中央研究院，對外則指導我國參加國際學術組織活動。所以，每次當我國派代表去參加國際學術機構的國際會議時，他都得坐鎮在辦公室，等待由國際長途電話的報告，對維護我國代表權，給代表們指示機宜。

國際政治學會 (International Political Science Association)，是世界性的政治學者組織，總會設在法國巴黎，秘書處設在加拿大蒙特婁，各國的政治學會加入爲“集體會員”，就是國家會員。我在美國愛登堡舉行的世界大會中，提議成立亞洲及太平洋研究委員會，獲得通過，並選我爲主席。

回憶於1972至1973年，當我在台灣客座期間，我向當時的中國政治學會理事長杭立武建議申請加入國際政治學會爲集體會員，他接受了我的建議，提出申請。屢經週折，終獲入會。使得早先入會的大陸中國政治學會抗議退會。2006年在日本福岡舉行第二十屆世界大會，有三十三位政治學者從台灣前往參加。台灣的中國政治學會，保持會籍。鑒於今日各種國際會議中，台灣的會籍，不是被排擠，便是被改名。只有台灣的中國政治學會，在國際政治學會中，始終保持原名和會籍，勘以告慰錢師在天之靈。

我於1983年還在南港中央研究院時，錢師即因病入住醫院。我三次前往醫院探望，但我覺得錢師康復，必須靜養，因爲每一分鐘，都在爲生命掙扎，爲了愛護錢師，忍痛不敢打擾，我只好在訪客冊中，留字祝福。焉知訣別之後，慟聞錢師逝世。但可謂福壽全歸，錢師的德業與貢獻，永垂人寰。

我在美國印地安那州立博爾大學任教，在國際學術機構中，擔任國際政治學會亞洲太平洋研究委員會主席，國際圖瓦研究協會的會長。圖瓦（TUVA）是匈奴後裔，原爲中國的唐奴烏梁海，爲蘇聯併吞，現爲俄羅斯所轄的圖瓦共和國，我曾前往訪問，承圖瓦總統奧薩克接見。

我爲講學、研究及參加國際政治學會，到過七十個國家和地區，在政治學的領域，在世界的範疇，戮盡職責。飲水思源，我能有今天，便當由錢師從台大教務長任內算起的恩澤所賜，終身感戴。謹以此文，以表至誠悼念及最高敬意。

作者畢業於台大政治學系（民國三十九年）
現任美國印第安納州立博爾大學政治學系教授
國際政治學會亞洲及太平洋研究委員會主席
國際圖瓦研究學會會長
撰於2007年8月28日於美國印地安那州

輕輕的一句話

“你們班上有幾位同學？”

◎ 王士彥

在一個偶然的機會遇見錢復兄，難免要提天寶往事－母校的小故事，錢復兄聽了以後邀我將這小故事寫下來，發表在明年他封翁錢思亮校長百歲冥誕的紀念冊中。我考慮再三，覺得雖然這故事本身，代表了那個時代的部份精神，但到底已時隔58年，細尾末節難免記得不清，我又是學農的，不善爲文，但好友所邀，勉力爲之，故事是這樣的……

我在民國35年(1946)，經浙江大學考取台大，在當年的十一月一日到台灣，一學期已經過去了大半，當時內戰正殷，學校剛剛自日本人手中接收，大環境的混亂，真不是「亂」字可形容。自35年~38年，三年間校長像跑馬燈似的換了四個，自羅宗洛、陸志鴻、莊長恭到傅斯年先生才穩定下來。但是，台大是台北帝大變身過來的，台北帝大有他自己的文化、傳統、計畫，新的台大有她的理想、計畫，磨合當然不容易，例如：我讀的畜牧獸醫系在帝大注重農業的傳統，本來就有自己的規畫，牧場、牛舍、畜產加工室、寄生蟲研究室。標本室、外科教室等等。新的台大成立後有他的理想，要在理學院下成立地質系，帝大好像沒有地質系，新的地質系必須在舊的台北帝大找立足點，那時，畜牧獸醫系靠近本校行政中心的有幢木造的外科研究室，室內有大動物手術架，是大型的木柱架子，手術對像是軍馬、耕牛、經濟動物，那時，沒把狗、貓寵物考慮進去，外科研究室旁是幢多層（二層以上幾層記不清楚了），很有氣勢的研究樓，因爲日本教授遣送回國了，地質系就看上這幢大樓，就搬了進去，將原來大樓中的東西搬出來，堆放在外科研究室內外，大部份是標本，如家禽，及家畜的骨骼，（沒有書籍）難免受到日曬雨淋，看了非常心痛。那時，畜牧獸醫系的系主任是留日的劉榮標先生，苗栗客家人，胖胖的，個子不高，有些口吃。地質系的系主任是馬廷英先生，東北人，也是留日的，可說是高頭大馬，體態魁梧，聲若洪鐘。若在公共會議場所，二人在一起，尚未過招，勝敗已見。我們學生看到整幢的獸醫研究室進不去了，而上課時，從這個教室跑到那個教室，要用腳踏車騎上十來分鐘，如在颱風天（那時颱風好像特別多）真是苦不堪言，又看到系主任委委曲區的樣子，非常不平，因此我自作主張，寫了封匿名信給當時的農學院院長陳振鐸先生，陳先生也是留日的，兼農化系系主任，福建人，鄉音很重，信的主旨是責怪他沒有把農學院的財產保管好，被理學院佔去了，這是「喪權辱國」，因爲當時剛剛抗戰勝利，對保家衛國，收回失土視爲非常神聖且重要。信末具名是一群農學院學生，以壯聲勢，我不敢寫上自己名字，信寄出後，沒有任何消息，我也把這件事淡忘了。

有一天，我在上課，突然訓導處派人來，要我到校長室去，因爲我已把信的事忘了，就坦然敲門進到校長室去，看到校長傅斯年先生坐在他的位子上，對面坐著錢思亮教務長，另一邊坐著陳振鐸院長，傅校長看到我進去，示意我站在旁邊，看了我一眼，指著手中的那張紙說：「這封信是不是你寫的？」我一看，正是我寫給陳院長的匿名信，因爲我寫的字奇醜無比，誰看了一眼就會記得，我知道那是賴不掉的，就一口承認，「是的，是我寫的。」傅校長看我答的乾脆，臉色好了些，說：「唔，你還懂禮貌。」因爲信的開端我稱「院長先生」，接下去，我就責怪院長不愛惜系產，將系的研究室讓給地質系了，傅校長看著信不作聲，氣氛有些僵，那時錢教務長用他平時那輕輕的聲調說話了，「你們班上有幾位同學？」我只能實事實答支吾的說：「四位」。（記得植物病蟲害系只有一位同學）傅校長看著信未具名『一群』學生，說：「四個人說成一群，言過甚實，胡鬧！好啦！陳院長你回去罷。」當時陳院長好像還想說些什麼話，站起來，看了傅校長一眼，就默默出去了，傅校長看陳院長出去後，示意我坐下，拿起他的煙斗說：「你們農學院只知要地，要預算，不去請好教授……」我不敢答腔只聽傅校長說話，最後還是錢教務長說：「好，讓他回去罷。」傅校長點了點頭。

校長室在行政大樓的二樓，我回教室要走過一樓的訓導處，當我走過時，訓導處生活指導組長孫嘉時先生，把我叫進去問經過情形，我據實告訴了他，他連說：「運氣！運氣！」幾個星期前，校長室要他對筆跡，找出這封匿名信是誰寫的，他從學生的作業中找出了我的字跡，他認爲校長是金剛脾氣，輕則記過，重則開除。幾個月後真的證明了傅校長的金剛霹靂手段。那時在羅斯福路旁有一棟二層樓的日式宿舍，劃給青年軍退伍的同學住在那裡，在大撤退的當時，教育部看中了這棟房子，向台大要，住在裡面的青年軍同學當然不肯，派代表去向傅校長陳情。傅校長劈頭就說：「這是學校的事，誰發言我就開除誰。」一位農學院的同學舉手想發言，傅校長說：「你叫什麼名字？」那同學答：「我是某某某」。傅校長立刻向站在一旁的那秘書，說：「好，記下他的名字，他被開除了。」那位同學真的就這樣被開除了，以後又引發另一段故事，不在這裡細表。

自此以後，錢教務長看到我總會輕輕點頭微微一笑，我也在他的普通化學課上格外努力些。

關於陳振鐸院長，我畢業後，有一次在返校的公共汽車上遇見了他，我尷尬的站起來讓座給他，並報上我自己的姓名，他沒等我報完，就直叫我的名字，並感嘆的說：「現在的學生能記得老師，老師還記得學生的是愈來愈少了！」

一晃眼半世紀過去了，已自幼稚輕狂的青年轉變成垂垂老翁，漸漸體會以前師長那種不著痕跡的關愛。

作者畢業於台大畜牧獸醫系（民國三十九年）

開明的錢故校長

造福法律人留美的一個小故事

◎ 蔡中曾

我大學畢業那一年，錢校長曾經開明的幫助留美的法律學生一件小事，五十五年後的今天回憶起來，錢校長可能也沒有想到他當年幫助我的那件小事，如今已嘉惠我國數千法律學子，順利獲得美國各大學法學院的法學碩士、博士學位，並間接影響我國半世紀以來的法學發展方向。

錢校長是在民國四十年三月擔任台大校長，民國四十一年六月我以全班第一名畢業於台大法律系，畢業後，我準備要出國留學，因此先申請了英文成績單，當時台大英文成績單對於各科系的學士學位均譯爲：Bachelor of Arts，簡稱爲BA，但是美國大學法律系畢業的基礎學位，均稱爲：Bachelor of Law，簡稱爲：LL.

B，我雖然據理以爭，向校方說明，但是台大教務處的成績課就是不同意，教務長也不同意，但建議我向校長陳情。

民國四十一年的年代，從台灣出國留學的風氣尚未普遍，事實上Bachelor of Arts是一般文學士的稱呼，而美國對於修習法律的基礎學位均稱爲Bachelor of Law，在美國一般大學生都先讀完大學取得文學士或理學士後，再進法學院，攻讀法律學位，因此在法學領域裏，Bachelor of Law事實上是法律學的基礎學位(Basic Degree)，而法律研究所以上學位"Advance Degree"之法律碩士則稱爲：LL.M (Master of Law)，法學博士則稱爲：Doctor of Juridical Science簡稱爲JSD或SJD (Scientiae Juridicae Doctorate)，事實是美國一直到一九六〇年代末期才逐漸參考醫學院MD (Medical Doctor) 的稱謂，把LL.B改稱爲Juris Doctor，簡稱爲JD。

我在台大唸了四年的法律課程，依當時規定，須修滿166個學分，比其他學系之132個學分，多了34個學分，法律學學士學位即是修習法律的基礎法律學位，如果我的台大英文成績單記載我的學位是一個BA in Law學位，我赴美國留學後勢必要從LL.B唸起，然後再唸法學碩士 (LL.M)、法學博士，可能要多花三年功夫。

經過我向錢校長陳情後，最後台大教務處同意在英文成績單中將「法學士」翻譯爲Bachelor of Law，我也順利到美國耶魯大學法學院留學，成爲我國在該校校史上自台灣赴耶魯法學院第一位獲得法學碩士 (LL.M) 及法學博士 (J.S.D.) 的中華民國留學生，後來台大劉甲一教授、韓忠謨教授等也都順利留學耶魯大學法學院，分別獲得法學博士及法學碩士學位。

我回國後，曾任職於美援會等政府單位，執筆起草獎勵投資條例並引進動產擔保制度，民國五十四年離開公職後，與家父共同創立常在國際法律事務所，至今垂四十二年，逝者如斯，不捨晝夜，錢校長當年不棄年輕學子，不以善小而不爲，我一直銘記在心，撫今思昔，我認爲錢校長真是典範永垂！

作者畢業於台大法律系（民國四十一年）

追念錢校長

◎ 許倬雲

今年是錢校長百齡冥壽之年，紀念他老人家，還是落筆就是校長，而不是錢院長，因爲在我們這些老學生心中，他永遠是我們的「校長」！

我考入台大時，傅校長（孟真）還在世，錢先生是教務長，傅先生因公在省議會猝逝世，錢先生遂接任校長，我在他手上兩次畢業，一次是大學部，一次是碩士學位。算起來，我讀台大，讀了七年之久，其中六年是他老人家主持校務。

當我還在校門口新生教室上課時，他老人家也在我們教室隔壁一間講課。我每次到教室早一點，總是發現教務長已站在隔壁門口，等待前面一班下課。分秒不長，總是在下課鐘聲前走到教室門口。當時的印象，他老人家時間算得真準！多年以後，有一次侍座，即提起此事。校長解釋：「這條路，一週走三次；走慣了，總共多少步，都算得出，離開總辦公樓的時間準，當時可以準時走到教室。」——他就是這樣一位「按步就班」（稍爲改動的成語），凡事踏實無誤的方正人士！

學生找教務長，通常只在註冊選課時，排隊等待蓋章，不會有很多接觸機會。只是，當時台大師生人數不多，我又留校七年之久，校長對我這一個傷殘學生，是可能認得出。領取碩士文憑時，我是台大第一個研究所的畢業生（在此之前，台大有大陸其他學校借讀台大的研究生），校長在畢業典禮上，還特別吩咐我提前上台，在台側專候，免得我走路遲緩，不能立刻登台。

畢業第二年，美國李國欽先生基金會提供台大每年兩名赴美讀書的獎學金。我僥倖被選中了。可是，對於該基金會原訂章程，得到獎學金的學生，必須「身心健全」，我健而不全，遂被拒絕。校長頗爲此不平，竟請求胡適之先生代向徐銘信先生撥出一筆獎學金，供我赴美讀博士學位。爲了此事，校長召我數次，有時還奉諭去福州街的官邸謁見。得此機緣，晤面次數較一般師生之間較爲多些，也因此我有幸知道校長一絲不苟的性格。

1962年，我返國服務。到家第二日，我即去校長室求見，俾得面謝校長爲我張羅獎學金之恩。他見我站在門邊等候，立即揮手召入，並且告訴我，沈院長（剛伯師）已經辦好我回校任課。從此，我即在史語所與台大兩邊上班。1964年，因歷史系系主任余又蓀先生不幸車禍死亡，我奉命接任系務。於是，有八年之久，我又忝列校長的部屬，師生之間的接觸也更多了。

我生性耿直，對於當時黨國不分的威權體制，頗多評議，爲此也甚爲一些忠君愛黨之士不滿。我自己倒不甚警覺，卻常常因此替校長及台大招來不少麻煩。校長爲人公正，凡有外來的干涉，他老人家總是一秉學術自由的原則，時時保護這一個惹事的老學生。一直到1970年校長離開台大，我也出國，八年之久，都是這樣風風雨雨的歲月。

校長是化學家，我學的是歷史，學科不同。我受他老人家的教誨，第一是他的身教：規規矩矩，一絲不苟！同時，他常常派我擔任一些「小組」與「委員會」一類的工作，因此，我也學到了不少「打雜」的經驗，例如寫計畫書、編預算、查核賬目、作簡報，這些訓練，當時覺得繁瑣，卻是一輩子受用。我的幾位上司，每一位都曾經指導我從做事中歷練。至今我已老年，還是感激他們賜我學習的機會。

我最感激校長的教誨，則是如何與人共商事務。當時我年輕氣盛，生性又急；參加討論時，我往往立刻率爾發言，提出自己的意見。有一次開會之餘，校長示意我留下，在衆人都離去後，他指出我的這一毛病，而且囑咐我：「即使你的意見是大家最後得到的結論，你也必須等一半以上的別人發抒各人的想法後，你再說出自己的意見。這樣，於人於己，都有討論的機會。」校長這一番教誨，我真是終身受益！他老人家，不是教我鄉愿，而是開示我，如何從別人的意見中學習。校長一輩子訥訥如不能言，其實他聰敏過人，只是有容人的大量，也能吸收別人的意見，遂能要言不煩，一語中肯。

校長早已離開我們，但在這一個老學生心中，永遠記得他的身教與言教。校長是一位有爲有守的學術領導人，也是一位愛護後輩的長者，人間長留去思。厚德載福，垂裕後昆，錢府子孫，芝蘭滿堦，含實吐芳，均爲俊傑，令人欽佩，堪爲佳話盛事。

作者爲中央研究院院士
畢業於台大歷史學系（民國四十二年）

懷念老校長、老院長——錢思亮老師

◎ 李亦園

我與錢思亮先生有兩段「師、長」因緣。他是我就讀台大時的校長，從他手中接下畢業證書；後來他擔任中央研究院院長，成爲我的長官。有這兩層關係的人很多，但我與思亮師卻有特別密切關係，有更親切感情。

哲人日遠，典型在夙昔。錢先生於1949年與傅斯年校長一起來台大，擔任教務長，期間幫助我一件事，一直令我感恩難忘。我是1948年從故鄉泉州來台灣，考進台大歷史系。入學後第二年，傅斯年先生出任台大校長，隨他來校的有李濟、董作賓、凌純聲、芮逸夫等著名考古學家、民族學家，因之成立了考古人類學系。我選修他們的課，眼界大開、視野拓展；接受教益之餘，

圖一 民國五十九年五月六日蔣老總統任命錢思亮先生出任中研院第五任院長，總統府秘書長張群先生到院布達命令，離去時錢先生送張秘書長下樓所攝，背後爲李亦園。

深深爲這些新科目吸引，覺得這是真正興趣所在，於是讀完歷史系二年級後，決定轉系。

當時考古人類學系才成立兩年，沒有三年級可供我轉讀，必須降級。這其實並沒壞處，反而可以多修基本的人類學課程。但是依學校規定，降級生不能保有獎學金，而我們這些從大陸來的學生早已沒了家庭接濟，獎學金是唯一經濟來源，如果沒有那二十三塊五毛錢，實在無法過日子。

思亮師鼓勵我轉系

降轉是不得已，不是因爲成績不好，所以我去見教務長錢先生，尋求補救。錢先生對我表示同情，但他要我去找傅斯年校長，因爲只有校長可以特准保留獎學金。當時我只是大二學生，想到要去見校長有點緊張，不敢當下決定。思亮師看出我的猶豫，藹然鼓勵：「考古人類學系是傅校長到校成立的第一個系，他若知道有學生很喜歡讀，甚至不惜降轉，一定很高興，說不定就准了你的。」不得已，我硬著頭皮去見校長。傅校長抽著煙斗，坐在椅子上問了很多問題，後來說：「你知不知道學考古是不可能賺錢的。你可以吃這種苦嗎？你要想清楚。」我告訴他我可以，傅校長覺得滿意，就批准了我的申請。這是我進到人類學領域的一段轉折過程。

傅校長任內，廣延教授、增建校舍、充實圖書、獎勵研究，奠定了台大的學術根基及自由傳統。他對轉系一事的開明、對學生的體恤，讓我感懷至今。而思亮師的鼓勵，更促使我今天能成爲專業的人類學研究者；每當憶起這段師生情誼，心中都有股暖流升起，濕了眼角。

大四時，我的第一篇文章發表在台大校刊，這是關於四十年度台大入學新生體質測量結果的一篇短文（見台大校刊一五五期，1952），應是台大校刊唯一刊登過的學生文章。後來有一天，我去台大總辦公廳查信，當時學生信件都放在那裡的信插。拿了信，剛好遇到思亮師下班出來，當時他已是校長。事隔兩年，他還認得我，說：「你能在校刊發表文章非常好，看來轉系轉對了。」當時聽了，我感動得幾乎要哭了出來。

1950年5月20日，傅斯年校長在台灣省議會答詢時，因腦溢血病逝，享年五十五歲，遺缺由文學院長沈剛伯師代理。1951年3月，教務長錢先生接任校長，至1970年5月6日離任，共十九年多。錢先生是傑出的化學家，也是成功的教育家，台大校長任內除了擴充學系、研究所和博士班，並注重教員的聘任和培養，籌集資金大量派遣教員出國進修，重金聘請海外著名學者來校講學或任教，糾正輕視大一課程的傳統偏見，使台大教育品質不斷提高。

錢先生對台大既有的學風並未有重大改變，而盡力保持了傅校長帶來的北大自由、反省、批判風氣。有人甚至認爲，錢先生對台大的貢獻最重要的並不僅在於領導，因爲菁英不需要太多的領導，而是他在當時很困難的環境裡，爲菁英提供了他們最需要的校園包容和校園自由，這實際上是更重要的。可惜，我雖然畢業後留在系上當過助教，但除了前述兩次機緣，與錢校長並無其他接觸，要一直到他擔任中研院院長，才有更多受教機會。

中研院院長時期

1964年，錢先生獲選中央研究院第五屆數理組院士。1970年4月，王世杰先生請辭中研院院長獲准，5月2日，評議會召開臨時會議，選舉第五任院長（前四任依次爲：蔡元培、朱家驊、胡適、王世杰）候補人。結果，選出錢思亮、吳大猷、閻振興三位，呈請總統遴選一人繼任。當時我暫代中研院總幹事，得以在評議會選舉時，爲老校長盡一份心力。

我是1955年中研院成立民族學研究所之時，到院來做研究工作。1968年擔任民族所副所長時，王世杰院長找我代理總幹事，我想自己還太年輕，說：「我才38歲，合適做嗎？」王院長回答：「你只是暫代，與年齡無關。」

中研院原未設有副院長一職，歷任院長如蔡元培、朱家驊先生不太管事，院務多委由總幹事處理。因此總幹事猶如副院長，向來由極資深、有聲望者擔任，如楊杏佛、丁文江、傅斯年、薩

圖二 錢思亮校長（前排右三）轉任中研院院長時合照，前排右一李濟，右二前任院長王世杰，左一爲李亦園先生（時任民族所副所長兼中研院總幹事），左二爲馬漢寶先生（前大法官）。

本棟諸位先生。王世杰院長因總幹事袁貽瑾先生辭職，而他本人也正在請辭中，因此擬由院裡擇一主管暫代總幹事。當時我雖是副所長，畢竟資淺，頗感遲疑，不料王院長又說：「再說，我38歲已經做武漢大學的校長了。」我無言以對，只好接下擔子。原以爲暫代三個月，豈知王院長的辭呈延宕兩年才獲准，我因而代理了兩年的總幹事。

1970年4月，王院長卸任，此時我的首要任務是協助評議會選舉新院長。評議會秘書一職，依慣例是由總幹事兼任，任期三年。王院長時期的第一任總幹事是阮維周先生（1962.5–1964.9），之後爲袁貽謹先生（1964.10–1968.5），但當時阮先生的評議會秘書任期尚未屆滿，於是仍由他繼續擔任，所以由他與我一起負起評議會選舉新院長的工作。此時錢先生剛卸下台大校長職，學術

圖三 錢思亮院長主持第八屆評議會（民國六十一年）之左爲李亦園，右爲萬紹章主任秘書。

聲望正隆，學術界無論院內院外都認爲是最合適人選，蔣老總統也屬意於他，所以我與阮先生拜訪每一位評議員主要的也是推介錢先生，而推介輔選的工作因此也很順利。選舉結果錢先生幾乎以全票當選第一名院長候補人。5月6日，總統果然選定錢先生爲新院長，並隨之公布任命。

接到總統府命令後，我去錢先生家裡報告，他顯得很高興，仔細問了許多院裡的事，並希望我繼續暫代總幹事，協助院務銜接。雖然我沒有修過思亮師的課，但始終認爲是他的學生，原本想暫代的職務應已完成，但老師開口了，學生當然義不容辭，這樣又做了五個多月，到1970年11月，我以不想影響研究和教學爲由，表達沒有留任代理總幹事的意願，結果得到思亮師的體諒，卸下職務，並於稍後接任民族所所長。

思亮師從1970年5月上任，至1983年於任內辭世，擔任院長逾十三年，這期間是他最成熟的年歲、學術聲望最高的時期，他主張基礎科學和應用科學並重，並爲中研院做了很多重要的學術擴展；如根據事實需要，並迎合國際學術發展趨勢，陸續成立地球科學研究所、生物化學研究所、資訊科學研究所、美國文化研究所、三民主義研究所，更增設生物醫學、統計學、原子與分子科學三個研究所及分子生物學綜合研究室四個籌備處，對最新尖端科學的移植，不遺餘力。綜合來說，錢先生在中研院十三年多，再加上台大校長任期十九年多，合起來有三十三年之久，可以說對台灣光復後的高等教育與學術研究的奠基與發展負起了最關鍵的責職，也做了最大的貢獻。

幾件小事看思亮師

思亮師對學術大事慎思慎行，對細節也很小心。在我繼續暫代總幹事的五個多月裡，與他常有密切接觸；這時期與在台大不同，他不止把我當助手，更當成他的學生，不止是上司、下屬關係，即使很小的事也會與我談起，甚至聊些家常私事。

譬如，思亮師剛上任時，每天上下班只帶一個公文箱，後來日益公務繁冗，有時要帶七個公文箱。他的秘書那廉君先生要我勸勸院長，回家該多休息，不要看這麼多公文。思亮師聽了我的轉述，笑說：「他是好意，但多心了。我帶公文回家不一定處理，但如果忽然想到什麼事情，就可以拿出來看。否則心裡思前想後，反而睡不著。」這可看出思亮師是如何全心全意致力於公務的精神。

錢師母過世後，那先生曾勸錢先生續絃。他也爲此向我抱怨：「廉君跟了我這麼久，不是不知道我的脾氣，怎麼還說這個！你告訴他，以後就別再提這些瑣事了」。「他們的性格互補，非常默契。從父母那裏，我們潛移默化地學到做人做事的方法，也培養了嚴謹的作風。」錢先生的次公子錢煦院士曾這麼描述父母：「父親平時話不多，也很少告訴我們該做什麼、不該做什麼。他身教多於言教，我們從他身上就知道該怎麼做了。母親是受家塾教育，對我們要求很嚴，但她不是那種冷酷的嚴厲，我們能從中感受到很多愛。」

思亮師是一位很含蓄的人，很少自誇，也很少誇他的家人，實際上，他的三位公子，長公子錢純兄、次公子錢煦兄及三公子錢復兄都各自在他們的領域有極傑出的成就。1974年，錢煦兄曾被提名爲中研院院士，但錢先生考量自己是院長，而院士是社會名器，名額有限，因此四處「反拉票」，結果因而落選。但1976年錢煦兄仍順利當選，父子同任院士，傳爲佳話。

我與錢家三昆仲也都有特別的緣分。錢純兄與我都是中華教育文化基金會董事；錢煦兄與我除了是院士同仁，也同爲中研院評議員；錢復兄則與我同任蔣經國國際學術交流基金會董事。可以說，我與錢先生一家有著兩代緣分。

我最感激的一件事

我辭去代理總幹事，離開總辦公室後，與思亮師還有一次特別的接觸經驗。我曾做過兩任民族所所長，隨後由文崇一兄接替，文先生卸任後，所內一時找不到適當人選，唯一的資深研究人員是劉斌雄先生，但劉先生是學者型的研究人員，不善於行政事務。

因爲這一層因素，所務會議改選新任所長時，竟出現我八票、劉斌雄先生兩票的情況，要我回鍋當所長，處境相當爲難，只好去見錢院長請教。「所長任期制是你代理總幹事任內建立的，雖沒有明文規定可否隔一任期再次出任，但於情於理總是不妥。」思亮師略加思索後，又表示：「要批准你當所長，對我是一件很容易的事，但還是不要破例，事情還有商量餘地。文崇一和你都還在所內，可以一旁協助他（指劉斌雄）。」

這是我和錢院長最後一次接觸的經過，在我陷入兩難困境時，思亮師適時幫了我的忙，使我人生往後的道路有更寬廣的發展。

對我而言，錢先生是老校長、老院長，這雖是很多人都有的關係，但我與思亮師特別有機緣，所以特別懷念他。值此他百年冥誕、去世廿五週年之時，感今懷昔，謹以此文，並以三張舊照片追思這位治學治事都極嚴謹的學界典範。

李亦園敬謹口述，小婿戴定國執筆
作者爲中央研究院院士
畢業於台大考古人類學系（民國四十二年）

桃李不言，下自成蹊

懷念亮公校長

◎ 張豫生

民國四十年春，錢惠疇（思亮）先生接替因病去世的傅斯年先生爲國立台灣大學校長。亮公校長是理學院化學系的教授，而我是法學院政治系的學生，一般情形下，應是很少有親炙教誨的機會，但後來我卻是常能面見校長的學生之一，原因是我喜愛參加課外活動，先後被同學推任爲政治系班代表、法學院院代表和各學院學生代表聯合會主席；有了這些職務，自然增加了與校長和訓導處老師們接觸的機會。記得是民國四十一年夏，代聯會陸續舉辦了多項較大型的活動，例如：歡送四十學年度畢業同學惜別晚會；組織考生服務團爲參加入學考試的青年朋友服務；邀請擅長才藝表演及撰寫文章的同學組成勞軍團，先後赴鳳山陸軍官校慰問接受第一期預備軍官訓練的先期同學和遠赴澎湖慰勞戍守前線的國軍將士。這些活動大多需要學校當局的物力與財力的支持，而訓導處有時也感到困難，我便貿然地去請見校長。記得第一次謁見時，亮公校長毫不矜持地從座椅上站了起來和我握握手，然後緩緩坐下。當他看到我有些杌隉不安的樣子，便以非常和藹親切的語氣問我有什麼事，要我慢慢地講。面對這種望之儼然，即之也溫的風範，讓我如釋重負，頓然消除了原有的緊張而輕鬆了許多。在我說明爲了組團到鳳山慰勞先期畢業受訓中的第一期預官和到澎湖勞軍，需要學校支援經費後，亮公校長說：「慰勞受訓的同學和前線將士，是一件非常有意義的事，可以表示對國家軍訓制度的贊成和支持，也是對先期同學的友愛；到澎湖勞軍，更是忠愛國家的表現，如果參加的同學每人也能出一些錢，就更能表達真誠的心意，你可以試試向大家徵詢一下」。我回答說事先也曾問過一些同學，都表示沒有錢，甚至有同學說：「這是學校訓導處的事，我就有錢也不願出」，校長一聽勃然變色，厲聲問我「這是誰說的！」我嚇了一跳，嚅嚅地說「是同學轉述的，我也不知道是那個同學說的」，亮公校長沉吟了一下，面色稍微轉霽，緩緩地說：「年青人不應該氣量這麼狹小自私，有能力出一些錢支持公益活動，正可以培養自己博愛濟衆的品性，也會自覺到對社會有一份貢獻的成就感，我們台大的校訓不就是「敦品勵學，愛國愛人」嗎？你可以把這些話轉告同學們，這對他們將來進入社會爲人行事是有很大的幫助的；勞軍團的經費，學校會儘力支持，你可以回去好了！」聽了這一席義正詞嚴的教誨，使我感愧交併，深銘心扉，迄今不敢或忘。

民國四十九年三月六日亮公校長
爲學生張豫生證婚宣讀結婚證書

另一次是我向他報告考生服務團工作已準備就緒，同學們已就位在校門口內外設攤服務；亮公聽後說他要去看看服務團中的同學，慰勉大家。我告以現在正值當午，烈陽熾熱，他說同學們都在那麼辛苦服務，我去看看他們，鼓勵大家是應該的。於是便從行政大樓頂著熾熱的太陽，也不撐傘，緩緩走向校門向服務中的同學逐一問好慰勉。我們都知道亮功校長幼年時曾染患骨髓炎，行走有些不便，而且又極重儀容，有如孔子所說：「君子正其衣冠，尊其瞻視」，穿著整齊的西服，在烈陽下來回走動數十分鐘，實在是萬分辛苦，但亮公校長卻顯的非常從容自然，沒有一點焦躁不耐的神情，這種休休有容，儒者的修養風範，看在同學的眼中，莫不肅然起敬而感動不已。歷年來台大畢業同學進入社會後，所以能在各行各業都有很多人表現優異，卓然有成，應該是受到亮公校長這種溫文儒雅，待人寬和深厚，以身作則的風範精神感召有以致之，所謂「桃李不言、下自成蹊」就是這個道理。

從民國四十年三月惠疇先生任台大校長，迄民國五十九年五月調任中央研究院長，在漫長的二十年歲月中，正是政府播遷來台撥亂反正的艱困時期，而台大在亮公校長辛苦經營下，校風敦厚淳樸，教學與日並進，終於成爲世界知名大學之一。昔人嘗云：「善治學者不必能理事，善保身者不必能成事」，而亮公校長非特能治學保身，復能理事成事，在他二十年的春風化雨下，澤被萬千學子，現在雖然哲人已逝，典型猶在，但撫今追昔，仍不禁令人噓唏不已！

作者畢業於台大政治系（民國四十二年）

師恩難忘

◎ 劉彭壽

錢校長思亮逝世瞬將屆四分之一世紀，今逢吾師百齡冥誕，謹撰此短文以誌無限景仰與懷念之忱。

錢校長之道德修養、學術上之成就以及對國家社會之貢獻，舉世共睹，無須余之贅述。但錢校長對余個人及家屬之教導與關懷，現擇述一二以誌難忘之恩。

民國四十二年余畢業於國立台灣大學醫學院，五載與煦兄同班受業並建立深厚友誼，情同手足，錢校長伉儷待余如子侄，憶余首次赴英遊學，時值仲秋，天已轉寒，臨行錢校長親將其身著毛衣相贈，慈祥叮囑，永生難忘。再者長女於英出生後，蒙錢校長伉儷命名馥倫，關懷賜福之情終生受益。錢校長每蒞臨紐約或華府公幹之餘，時能進謁請安。吾等後輩身受鼓勵教誨，師恩難忘，每念及此默然神傷。錢校長公祭出殯之日，余幸能專程返台參加此一代偉人喪禮，親送至陽明山墓地，並跪拜於錢師母婉度之墓前默禱其在天之靈安息。

作者畢業於台大醫學院（民國四十二年）

思亮先生與劉彭壽醫師
民國六十三年攝於美國華府

思亮先生與劉彭壽醫師全家合影

對一位慈祥偉大人物的追憶

◎ 李紹祖

我是在傅斯年先生做校長時進入台大醫學院，那時教務長是錢思亮先生。我只是兩千學生中的一個，沒有跟他們有接觸。一直到1949的後半年，有一天我被傳訊去校長辦公室，醫學院教務主任葉曙教授帶著我去。我很害怕且膽怯，走進大大的校長辦公室，好像進到法院。坐在大桌子上方的是傅校長，旁邊坐著的是錢教務長。好像是法官審判一樣，我被訊問。說是我寫了一篇對學校很不利的文章，發表在報紙上。然後傅校長拿出一份這篇文章的原稿，是用淺藍色墨水鋼筆寫的，又拿出一份我自己的藥理學考卷來作筆跡比較。傅校長用炯炯的目光穿視著我，問：“這是你寫的嗎？”我初看時，那原稿上的淺藍色墨水筆跡真像是我寫的；可是我再讀下去就發現那些內容都不是我寫的。校長室內氣氛緊張，一片寂靜，我害怕的發抖，我向周圍尋找可能的幫助。過了好一會，忽然來了一個和緩、平穩、肯定的聲音，是錢校務長發出的。他說："這個看來很明顯的是認錯了人。李紹祖不是這篇文章的作者"。這案子就這樣完結了。

後來幾年，在台沒有家的同學們，常被錢煦請回家過節。有時跟錢伯母玩牌，也常見到錢校長，他只是偶而說幾句話，他是一位和藹、安祥、內向的人，他雖然是一個最高學府的校長，可是平易近人。有一次他送我們順道返校，他的車是1939的黑色Chevy。

我在1953年畢業許多同學都在受軍訓後出國深造。我的志願是做外科，希望能申請到DAAD的獎學金，去西德的杜塞道府大學跟Derra 教授做兩年的胸腔外科住院醫師。記得我去請錢校長寫推薦信。最後我得到有幾百人申請的DAAD獎學金，才有機會出國深造，這是我人生的轉捩點。在德國完成兩年研究及行醫的訓練，之後去美，在美國遇見我的太太 Peggy結婚成家，完成我終身行醫的事業。

在1970年代，錢校長路過夏威夷，我有幸開車做導遊；用我的Volkswagen Hatchback（車的後門窗可以向上打開），駕駛校長到各景點觀賞。我很興奮又見到校長，並且能照應他，帶著他各處觀光。我大概興奮之下，車開得稍快了些，我覺得校長似乎有些不放心的樣子，但是他一句話都沒有說，我相信錢校長是信任我的開車技術的。

在1978年的秋天，我帶著我的太太Peggy及三個兒子，先去中國大陸，再順路回到台灣看朋友。我覺得一定要去南港中央研究院拜望我最敬愛的錢校長。校長室秘書很吃驚地看見我們一家五口，沒有預約，貿然出現來拜望院長。秘書先請我們到會客室坐。過了一會，一位和藹可親的長者出現，他就是錢校長。他稱呼我太太的名字Peggy，我將三個孩子一一介紹給校長，我們有極快樂的時光，細談舊時趣事，和朋友同學們。

錢校長（思亮先生）是一位偉大的老師，他啟發學生們的心靈，他昭示他們事業的途徑。他是一位和藹謙恭的長者，有極崇高的人品，爲他的學生同事們盡心考量，盡力幫助。

在錢校長百年冥壽之日，我更感覺得特別的懷念，和由衷的感恩。

作者畢業於台大醫學院（民國四十二年）

紀念錢思亮校長誕辰百週年

◎ 金志昭

今年是母校故校長錢思亮先生百歲誕辰，作爲錢校長50年前的一個學生，應邀爲文紀念，引以爲榮。

回憶當年我就讀於台灣大學醫學院，很幸運地校長便是錢思亮先生，自從錢校長接任以來，因領導有方，以致校政蒸蒸日上，現在的台灣大學已成爲國際水準知名的高等學府之一了，這該是錢校長的功績，他的人格風範和精神正氣，人皆週知，無需贅述，而時值錢校長誕辰百週年之際，僅記以下數事以作紀念。

我有幸同錢校長的第二公子錢煦有同窗之誼，校長有鑒於此，每逢年節常讓錢煦帶我們幾個無家的同學前往校長宅府分享慶祝節日的歡樂，以減少我們思家的懷念，此事令人深感錢校長的人情味濃郁，竟如此愛護學生，至今雖時隔多年而記憶猶新，銘誌於心。另一件對他印象深刻的事是當他的夫人臥病台灣大學附屬醫院治療的一段時日，在此期間，我們公務繁忙的錢校長每日必定來醫院探視夫人，風雨無阻，如此重情義的品德實在令人感動。

錢校長離開我們已多年了，在紀念錢思亮先生百週年冥誕時我們應該繼承他的高風亮節，並以作爲萬世師表，教育子孫萬代，永遠敬仰。他的三位公子均是傑出人才，對社會都有巨大的貢獻，如果錢校長仍然健在，必爲他們而驕傲了。

作者畢業於台大醫學院（民國四十二年）

點點滴滴回憶錢校長

◎ 陳華琴

翻翻老日記，看看老相本，也掠起了一串串大學時代許多的陳年往事。大概是在一九五〇年的下學期，台大傅斯年校長突然腦溢血在省議會逝世，全體同學在秋風淒雨中送別了一個非常難得的好校長。全體學生，特別是我們這群從內地來的學生們，不但要擔心當時朝夕變動的時局，更重要的是在這個不穩定的局面下，誰來主持台灣唯一的高等學府。一九五一年初，政府終於發表錢思亮教授爲台大校長，大家也都是茫茫然，因爲他對我們多數人是陌生的。

那年校慶的時候，我們全體到校本部大操場上集體聽校長演講。他開場白是：“各位同學，今天我是以兩種身分來參加這次校慶，第一是以校長的身分，第二是以家長的身分……”。後來我們醫學院院慶時，他來了，而他致詞的開場白也是：“今天我是以兩種身分來參加這次院慶，第一是以校長的身分，第二是以家長的身分……”。以後每年他來院慶致詞都是這樣開頭，我一定在台下應聲而學，而錢伯母一定說，“下次得改一下台詞，別老教你學舌了”。

我與錢伯母比較親近。她不單因爲是同學錢煦的母親，而也是台大醫院的老病人。比較親近主要是因爲我廢話多，更愛聽她話家常。我記得她每次來醫院都是自己搭車，從不坐校長的車子。“那是學校的車子，不准我坐去看病的”。校長一向是公私分明的。

我不值班時常到錢家玩，與錢伯母打canasta。其實錢伯母很愛打打小麻將，但是自從錢伯伯當了校長後，便不准在家裡打麻將，甚至連用牌九一人玩通關也不准，因爲可能有學生在另一間房間裡，以爲是在打牌。所以錢伯伯當了十九年校長，錢伯母也犧牲了十九年在家裡娛樂的機會。後來當我去國十八年後再回到台灣去拜訪錢氏倆老時，錢伯伯說，“我現在不當校長了，也可以打牌了，真是一件大好事”。正好這時錢煦同班同學“老土”黃體信請我們去他家打牌，我和校長一桌，校長是紅牛黃牛（籌碼）不分，錢伯母在一旁做總指揮，結果我們三人全軍盡墨而歸。

一九五四年我終於在醫學院畢業了。那年台大第二次在台北中山堂舉行畢業典禮，規定女同學穿旗袍，男同學穿黑長褲，上身白襯衣。我從來沒穿過旗袍，真是一身的不自在。我記得很清楚那旗袍衣料是一個婦科女病人送的，她知道我沒錢做旗袍，好心送我一塊淺鵝黃色泡泡沙的衣料做旗袍。那料子是不錯，但名其爲紗，就是不透風，穿起來悶熱。畢業典禮選在六月一個陽光高照的好日子舉行，校方請了教育部長來訓話。部長張其昀先生是江浙人，國語不易懂。他的演講詞更顯得冗長，何況又是大熱天，大家氣悶難受，怨聲載道，我更是怨聲震耳，爲什麼校長要請那麼多人講那麼多話。當天在錢家玩，校長笑對我說，“自從我當了校長以來，你不知道我聽過多少不愛聽的演講，吃過多少不愛吃的飯。而你就只聽了這一回就埋怨了”。自那次以後我再也沒有埋怨過不愛聽的演講，當然更沒有過不愛吃的飯。

大概在七十年代中期，在紐約我屬下一個駐院醫師姓梁，是台大醫學院畢業的僑生，她要結婚，而且從我家出嫁，可是沒有主婚人。可巧這時錢校長正在紐約。我就想試試看能不能請校長做女方家長（to give her away）。梁醫師當然不敢想像願望可以成真，但校長立刻就答應了。那天校長高高興興地從我家像送女兒一樣，把梁醫師送進教堂。梁說她這輩子都會以此爲榮。我想校長自己沒有女兒，這樣也可以過一下嫁女兒的瘾。後來聽錢伯母說許多台大同學結婚請校長的，錢校長照例是“秀才人情一張紙”，送字一副。可是我怎麼也沒想到過要校長一副字，真是憾事。

一九八三年中我去大陸開會，立人也到韓國開會，他開完會後繞道台北回美。此時正值校長住院，特准立人前去探看半小時。他看來很好，並囑咐立人回美後轉告錢煦放心，不會有事。可是當時楊思標教授卻打電話給我說校長心臟非常衰弱，叫我轉告錢煦有心理準備。我立刻電告錢煦，想不到那天晚上校長就走了，而立人還在回美的飛機上。

很多年過去了，我後來也沒有機會再回去。但在我的心裡常常會縈想到校長在台北福州街二十號住宅內，後院中散步的光景。他一邊慢步，一面口中念念有詞，一千零一，零二……的數著步伐，他的後面跟著小國維，則一面趕著一隻大公雞，一面嘴裡叫著“鴨鴨，鴨鴨”。當我回想起錢伯母告訴我“鴨鴨”就是錢氏老家“爺爺”的意思時，總忍不住微笑。

我們大家都有同感，錢校長氣質是校長，長相是校長，個性是校長，真是一個典型的大學校長。他當了近二十年的台大校長，造就了多少人才！他長校後的台大，一帆風順，欣欣向榮，在校史上他是最好的校長。他也永遠是我們這一代台大人心目中的校長。

作者畢業於台大醫學院（民國四十三年）

我欠校長一分情

◎ 韓揆

民國47年我在台大醫院任小職員。要結婚了，證婚人請誰呢？雖然有些長輩及過去的老長官，可是一生的臭脾氣就是不喜歡跟長官打交道；但總要有人福証吧，似乎也是合法婚姻的條件呢！終於想起了從作學生就心儀的錢校長，但他根本不認識我，只有硬著頭皮去「謁見」，居然得到他親切的允諾，使我婚禮生色不少（附照片）。

後來有人問我怎樣道謝證婚人。我吃了一驚，因爲既無前謝後謝，接送也不很周全，不像時下「禮數」周到。但是已過了一段時候，無法補償。所以心中至今欠他一分情。

作者畢業於台大法律系（民國四十四年）

我所敬愛的錢校長

◎ 江岳生

我一想起錢校長，就不禁想起初來美國留學的情形，那時初以爲語言隔閡，人地生疏，一定難以適應，不料在學並無任何困難，因爲在台大時所用的教科書，均與美國第一流大學所用的相同，上課考試答問也都用英語，來美後上課交流都毫無陌生之感，讀研究院毫無難處，才瞭解到當年在台大所受的教育，紮根結實，多虧校長制定學制得宜，受用無窮。在美學習期間，深受校方及教授們之尊敬，台大人在美名校都能出人頭地，一方面靠學長及同學們的努力，再一方面則歸功於校長的領導有方，校風篤實，今年適逢他老人家百歲冥誕，敬此獻上最高的敬意，與無限的懷念。

作者畢業於台大化工系（民國四十五年）

錢思亮與南加州台大校友會

◎ 孫英善

南加州台大校友會三十四週年餐舞晚會前不久在洛杉磯市郊棕櫚大酒店盛大舉辦，一千多位校友和來賓參與，並印行精美年刊。

校友會的功能從初期的聯絡情誼，繼而與母校進行學術交流。這兩年在現任會長牟致遠和前任會長阮雅倫通力合作下，更擴展到敬老撫幼的社區服務，以及爲母校籌募基金等。會員已有數千人，是南加州甚至全美舉足輕重的華人龐大社團之一。

中國人講究飲水思源，正如台灣古諺所云：「吃果子要拜樹頭。」所以談到該校友會的得以成立，必須感謝錢故校長思亮。

三十四年前，即一九七三年，時任中央研究院長的錢思亮博士，因公務路過洛杉磯時，幾句嘉勉和鼓勵的訓誨，位校友會的誕生播下種子。

由於當時台海兩岸政府，仍然處於「漢賊不兩立」、劍拔弩張的敵對狀態，在爭取和拉攏學術地位崇高的海外中研院士上，更是雙方較勁的焦點。錢院長每年都要代表政府來美，風塵僕僕奔走各大城市，與院士們餐敘、慰問，同時也促進了美台學術和科技交流合作的大計。

那年春天，錢校長又來美國作例行的學術之旅，地處美西科技重鎮的洛杉磯，當然是必經之地，接待工作由台灣駐洛杉磯總領事館主辦，時任該館領事的，也是台大校友陳毓駒（曾接替蔣孝武任駐新加坡代表）。

錢校長對旅居大洛杉磯地區校友們求學和就業情況，關懷備至。隨後又垂詢有否台大校友會的存在，陳毓駒被問的目瞪口呆，一時間竟無言以對。

當晚陳毓駒兄連夜約集了數位校友聚會，轉達了老校長的關懷之意，經大家議決，立刻分頭聯絡相識的校友，次日中午在中國城的萬珍樓中餐廳，舉辦歡迎錢校長茶會。

儘管時間倉促，而前來參加者非常踴躍。老校長在海外面對這群弟子，以他慣有的慈祥語氣，語重心長的複述母校名聞四海的校訓：「敦品力學，愛國愛人。」

歡迎茶會結束之後，錢校長繼續踏上未完的美國學術旅程，而與會的校友，則當場選出了校友會籌備委員。

籌備會在陳毓駒的密集聯絡下，校友會成立大會順利召開。首先通過會章之後，接著選出第一屆委員會委員。計有張建天、陳毓駒、林基源（後回台任中山大學校長）、孫英善、柯如甦（故前台翔太空總經理）、牟宗燦（現任台灣世新大學校長）、曹文娟、張陔和沈正中等人。

三十四年前，台灣留美學生陣容遠不如今天龐大，台灣各大學校友會更是鳳毛麟角，而南加州台大校友會的誕生，稱得上是捷足先登。隨著歲月的推移，校友會由當初的數十人，發展到今天數千人的社團（而未報名入會者爲數更多）。過去電子資訊尚未普及的時期，校友會扮演了校友與母校聯繫的平台，諸如回校短期客座或講學，參加科技座談等，都是回饋母校的簡便之道。

去年校友會年會時，現任校長也是校友的李嗣涔親臨報導母校近況。晚會由李校長手持母校校旗打前陣揭開序幕，再由十三位校友分持各學院院旗隨後，在掌聲雷動中浩浩蕩蕩的走上舞台，爲整個晚會掀起了高潮。

李嗣涔在正式講演之前，一如當年的錢故校長那樣，首先複述了人人耳熟能詳的母校校訓。隨後的餐會和自由交誼中，校友們沉醉在握手話舊的歡樂氣氛裡。此起彼落的笑聲，洋溢著「驚呼熱衷腸」的天涯重逢之喜悅。

當司儀介紹嘉賓，筆者有幸被點名爲創會委員和前會長時，浮現在腦際的是爲校友會誕生而播種的錢故校長思亮先生。正如文天祥的名句所說：「哲人日已遠，典型在夙昔。」他老人家的功德，將使校友們永遠的懷念與尊崇。

作者畢業於台大經濟系（民國四十八年）

編註：本文原載美國世界日報2007年9月3、4兩日，承作者剪送編入紀念文集。

謙和可敬的錢思亮先生

◎ 朱炎

民國七十二年夏，我陪錢思亮先生訪問德國和美國，自五月一日至六月十六日，離台足足一個半月。這是我第二次陪他出訪國外的院士，對我們師生二人，都是很艱苦的挑戰和嚴峻的考驗。我想我們一老一少都已卯足了全力，盡量努力把事情辦妥，以求任務的圓滿完成。

那簡直是一次生死之旅。他老人家回台後不久就被送進加護病房，幾天後過世，實在太過突然。我當時正在革命實踐研究班受訓，接到內子告知我錢師仙逝的電話，頓然感到平生未曾經驗過的寂寞情懷，好久好久都不能回過神來，釋然於懷。我則剛下飛機回台北宿舍，就因身心困乏，手腳無力而由二、三樓間的樓

思亮先生與朱炎

梯上摔下來傷了腳踝；所以未能及早拜望錢師。我本來是要在稍事休養之後，再去看他老人家，好好談一談，回味回味也檢討一下一路發生的事情。事實上，我在上陽明山之前，也曾抽空與內子去台大醫院探望他。當時他還是不改幽默的笑著說：「我昨天還在普通病房，樣子不這麼難看；現在管子插了這麼多，你卻來了，實在來的不是時候。」他雖這麼說，但神情還是滿愉快的。沒想到這麼快他老人家就離開人世，直教人感覺悶的慌，實在不能接受。

在一個半月裡施盡全力之後，結果卻陷入一場無邊的空虛，在我心理上產生了莫大的鬱結和難以逾越的精神障礙。所以當報章媒體要訪問我或要我寫關於錢師的文章時，我只好一一婉拒，頹然表示無能爲力。那一次實在拗不過台大孫震校長、羅銅壁教務長和理學院郭光雄院長等人三番五次的催促，才非常勉強的在錢師追思會上報告了一些錢師的事情。

最初有機會見到錢校長，當然是在我於民國四十五年秋考入台大外文系之後；但是真正面對面地聆聽他的教誨，則是在我於民國五十一年回校做助教的時候。那次在校長室裡，他吸著雪茄菸靜靜地聽我訴說沈剛伯院長對我的種種偏見。然後他就和顏悅色地講了一個小故事，勸誡我千萬別隨意懷疑他人對自己不好。他說有一個人丟了手錶，想來想去，只有他最親近的一個部屬最有機會拿到他的東西。於是就對他越看越不順眼，甚至漸漸覺得他賊頭賊腦，一臉小偷相。他終於忍不住把部屬喊進辦公室，借故就近仔細觀察他的神情，竟發現他果然是做賊心虛，十分慌張。就在這個時候，他卻無意間拉開抽屜，在公文下面赫然看到自己的手錶。

從此以後，我就改以豁達的態度和開朗的心境去面對沈院長，體會到他的確是一位公正無私、寬諒晚輩的長者。錢院長感化我，教導我凡事往光明處看、處人向善良處想的人生態度，對我日後的人格發展，影響既深且鉅。四十幾年來，他老人家所說的話，我始終銘記在心。民國五十四年夏，我由歐洲回母校教書，對錢師有了更深一層的認識。留歐三年期間，我把所有的氣力都用在攻讀學位上，根本無暇向師長問安致意，只在回國前寫信報告錢校長我已然得到博士學位，並渴望回母校任教。我就從那個秋天開始在台大外文系任教三十幾年，直到退休。

民國六十年，我剛升正教授，就被羅致到中央研究院，參與人文社會科學合作委員會美國文化中心的籌備工作。六十三年我被合聘爲中研院美國文化研究所研究員，六十六年至七十二年承乏所務。這六年當中，因爲職務的關係，常跟時任院長的錢師往來請益。其中七十年八月二十六日至九月三十日，我跟他到美國洛杉磯、紐約、華盛頓、波士頓、芝加哥和舊金山等地去開分區院士會議，訪問中美學人和學術團體如美國國家科學院等，並順道拜會我們在六個城市的代表。在這一個多月裡，錢院長所表現出來的毅力和勇氣，令我十分敬佩。此後在七十二年初夏第二次陪他走訪德美兩國十幾個城市那一次，他歲已是年邁體衰的老人，但其奮力從公的工作熱誠，並未稍減；若非親眼目睹，誰敢相信他還有那份耐力和衝勁兒！？

永懷錢師高貴情操

懷想錢師，至少有左列幾點，教我印象鮮明，終生不忘。

第一點，他與人爲善，對人永無惡意。

他可以不喜歡某人的行事風格，但從不嫉恨人家。即使一時不高興，過後也會以其人的立場，試著去了解他，寬諒他。

第二點，他滿懷赤子之心。

公事辦完之後，私下跟他談話，他總是輕鬆自然，無話不談。有時候說到高興的事，他會按捺不住內心的興奮而眉飛色舞，甚至手舞足蹈；天真的樣子，活脫像個小孩子。每次下榻一個新的飯店，安排好了公事的節目之後，我們師生二人就會到一個房間去閒話家常或追憶往事。他喜歡談足球和橋牌，並說除了誰和誰之外，老朋友們沒人能在橋牌桌上贏過他。他說他之所以兩條腿不一樣長，走起路來一跛一跛的，就是因爲踢足球出過意外。

他說他當年的酒量多麽好，一輪幾十杯不醉，言下之意是向我表示說，你這點酒量很不夠看。我一聽這話，很不服氣地說我在金門當排長時也練出不錯的酒量，他就迫不及待的大聲嚷嚷說他曾如何在金防部的歡迎晚宴上連飲數十杯高粱並把一甘官兵扳倒的光榮紀錄。

說到猜謎語的事，他說自己更有一套。他說譬如有一次有人出了個謎語：上頭去下頭，下頭去上頭，兩頭去中間，中間去兩頭，舉座默然，只有他一猜就中，是個「至」字。

談著談著，實在有點睏，我就想告辭回房，並請他早點休息，明天還有什麽事得辦。他一聽說：不要囑咐我那麽多。我說你不是要我提醒您嗎？他說你這一提醒，告訴我有那麽多事要辦，我心裡一急，不就緊張的睡不著了嗎？

他說他猜謎語快，是因爲有第六感，我不信。到了第二天早晨，吃早飯的時候，他果然露了一手，他說：你看我說說你，信不信？今天早晨你必然有trouble。他笑嘻嘻地說：這個waiter會帶給你trouble，而且不是一件。果然，我要的煮蛋久等不來，因爲時間已到，不能再等，那頓早餐就沒能吃到煮蛋。付過帳之後，回房一算，那個waiter又找錯了錢。後來我告訴他老人家，看他那副得意的樣子，十足像個小孩子。

第三點，他是個清廉儉樸公而忘私的愛國者。

我們那次到紐約，住在UN Plaza Hoter高層的一個套房裡，每夜六、七百元美金。可是他卻讓我避開耳目，偷偷溜到外面小店去花兩三塊錢買午餐：一小紙盒牛奶和一個cornbeef sandwich。有時不容易躲過眼尖的櫃檯小姐的注目，我心裡感到十分不好意思，就央請錢師的二公子錢煦院士出去代買。錢師看我面露不解的難色，就說：

> 「我要以中華民國中央研究院院長的身分接待中外貴賓，住的不可寒酸，丟國家的顏面，我們的經濟繁榮，他們都知道，花這點錢，不算打腫臉充胖子。但是我們的中飯自己吃，能省就省，何必浪費國家的錢？」

有時候，我也陪他到路邊小店去隨便填飽肚子。吃完出來，看到對街的聯合國大廈近在眼前，因爲從來沒有走近看過，就提議過街看看。他一聽就瞪著我激憤地說:「我最不喜歡那個鬼地方!」原來,被迫退出聯合國的傷痛,一直在折磨著這位熱烈的愛國者!

我們曉得當時國家的處境,非常艱困,面對中共和台獨,裡外受阻,夾在兩方國外的支持者之間,左右爲難;所以,當我們訪問歐美的學術機構時,人家的接待不免會相當冷淡,卻很熱衷於提出一些令人很厭煩、很尷尬的問題,如陳文成命案等,語氣多帶責難之意。可是錢院長怎麼樣都要去看他們。他最不喜歡這些場面,但是爲了維持國際合作,再不喜歡還是硬著頭皮趕去受罪。爲了國家學術上的利益,他老人家一路上受了不少委屈,我天天看在眼裡,直是寒天飲冰水,點滴在心頭,現在想起來,心頭仍然酸酸的。當時已近八旬的他老人家,心事一多,就會失眠;在我的記憶裡,每次搭機十幾小時,他都得終夜不闔眼地苦苦熬過。

錢師最得意擁有教學相長的樂趣

第四點,他對任何人所表現出來的態度,總是發自內心的一個敬字。

例子幾乎多的沒法講,不過有一項與我自己有關,可以大略說說。我陪侍他出國,他在公是我的長官,在私他是我讀台大時的校長,是我的師長。那時候,中共大員大肆在國際場合開始活動,爲了避免惹人注意,我一路喊他老師;我沒上過他的課,在我們那個凡事認真講究的年代中人看來,實在是有些僭越,但他不以爲忤。可是無論到那裡,遇到人他總是十分鄭重的介紹我是中研院美文所的朱所長。他是個先公後私的人，又不讓我自感是個跟班的，所以無論多麼親近，他從來沒有喊過我的名字，總是朱所長、朱教授、朱先生如何如何。他敬重其他別的人，也都是誠心誠意，毫不輕忽。而他對他師長輩的尊敬，更是無可挑剔。譬如，我跟他走訪他的母校老師的化學實驗室，就佇足注目懷思許久許久，拉我在門前照了相，然後意味深長地說：「我的老師在實驗室一直忙碌到九十多歲，還不想罷手。等他過世後，校方翻修實驗室，竟發現地板底下滿滿一層厚的水銀！」他當時說話的敬慕神情，我至今記憶猶新。

第五點，他老人家最愛做的事是教書，最得意的是他在課堂上與學生互動時那種教學相長的樂趣。

他提到學生們如何擠站在教室後面和門窗外欣然聽講時的表情，真是叫人羨慕。

第六點，他是個溫柔而多情的人。

跟他相處，會詫異一個外表那樣肅穆的人怎會如此細膩、體貼？有一天早晨，他坐在飯店的餐桌旁，一邊吹著口哨一邊在翻弄桌上的小東西。我看他代用糖也有啦，什麼都有啦，就問：「老師您在找什麼？」他說：你不是喜歡吃蜂蜜嗎？」

參加宴會時，由於我見生人好緊張，就先灌我幾杯啤酒鎮靜神經，每次他也都跟著大喝起來。有一次，我突然警覺到他大罐小瓶地一手提箱都是控制糖尿病什麼的藥物，就問他：「啤酒不是對糖尿病很不好嗎？爲什麼還要喝呢？」他竟笑麼孜兒地說：「你那麼喜歡啤酒，我不陪你喝有什麼意思呢？」此後我只好偷偷地喝，不敢讓他看到。

我有好幾次不經意地看見他每到一個旅館，安頓好了行李，就打開一個小皮夾凝視良久，有一次我忍不住問他，「您在看什麼？也讓我們看看好不好？」接著湊過去一瞧，原來是錢師母的遺照。

又有一次，回國前夕，我在舊金山的一間百貨公司想給我家裡買個皮包。費了很大一番功夫，才找到一個中意的，剛要付錢，他老人家竟趕忙跑過來一把搶了過去說，這是我要買給朱太太的！我老早就想買件小禮物送她，總是選不到合適的。」到現在我家裡還常用他老人家送的皮包。

他老人家對孫子孫女和其他家人以及朋友學生那種溫柔體恤的心意，直如春風冬陽般的和煦暖人。

錢思亮先生是出衆的演說家、堅強的勇者

第七點，他是一位出衆的演說家。

我在一本雜誌上看到一位學者推崇他是國內有數的傑出演講者之一，我當時有些疑惑。後來發現：果然不假：他的話語每每令人感受深切難忘。據我長久觀察，他在這方有兩個常人不及的秘訣，那就是：其一，他沒有浮言泛語，每字每句都經過思考；其二，他不受聽衆情緒的影響。當然，真誠才是他最大的天賦，也是他口才的本質；最能打動人心的，就是他那發自肺腑的真誠。

最後一點要說的是，他是一位堅強的勇者。

古人說，唯至柔乃能至剛；錢老夫子看似一位不勝世情激盪的溫柔長者，處久了，才能體認到他那不屈撓的堅毅及其「雖千萬人，吾往矣！」的豪勇氣慨。

某些學術界的長輩，說他的年齡那麼大了，不應該出去受那般奔波之苦，簡直是活活把自己累死。錢復夫人田玲玲女士有一次對我說：「謝謝你照顧我公公；不然一個閃失，半路上把他累倒不起就慘了！」我聽她這樣說，不免嚇出一身冷汗。錢師驟然逝世，我自己也至感痛惜與遺憾。可是當我看到他嚴肅而迫切期待地問我願不願意陪他再出去一趟的時候，我哪能忍心拂逆他老人家的意思！？我看他聽我說出願意二字，就忙不迭地轉身對那廉君秘書說：「朱所長答應陪我去了！」時那副欣慰愉快的表情，我再也不能改變主意——雖然我明明知道陪他走那麼遠忙那麼久，要冒多少艱險！

在他老人家走近人生的盡頭時，還敢挺身出訪，爲公爲國，不辭辛勞，不管死之將至，正如一位不畏不懼、忠勇報國的武士那樣，決心效死於沙場之上，又有什麼不妥、又有什麼遺憾？！

作者爲中央研究院美國文化研究所前所长
九十三年六月十八日上午九時四十分定稿於台大宿舍

編註：本文原載朱炎著九歌出版社九十三年初版之「人間有情，義游於藝」一書，經作者主動送列本紀念文集。

憶錢思亮校長

◎ 廖一久

錢校長是我心中少數所謂的「長者」，依我自身的體驗，隨著年齡的增長、閱歷的增多，心目中真正的「長者」，也就越來越少。

談到錢校長的「長者」風範，就要回溯到1959年12月，當時催請蔣中正先生連任第三任總統的運動正在全台如火如荼的進行，台大校園內也不例外，到處都是擁護連任的宣傳海報！

蔣中正先生連任第三任總統其實是違憲的，當時台大多數的同學們都抱持反對的意見，但在戒嚴制度下，誰敢站出來反對？我幾經考慮，決定在夜晚以黑色簽字筆在那些擁蔣的海報上打「XX」，希望藉此表達自己，同時也表達大多數同學反對的意

動物學系部分同學與錢校長合影，
第二排左三爲筆者。(民國四十九年六月)

見。打定主意後，就請同寢室的土木學系的蕭信雄學弟把風，我自己一個人走到台大行政大樓附近走廊的海報上打「X X」，就在那一瞬間，幾個埋伏在附近的情報人員一擁而上，將我逮捕。在當時的戒嚴令之下，我所犯的是重大的「反動罪」，不被槍斃，至少也要去綠島管訓幾十年，如今想起來，也可說是膽大包天，不過在當時也只有這種方式表達反對「違憲」的舉動。

在我被捕之後，家父以及台大動物學系王友燮主任拼命奔走，並運用了一些重要的人際關係，好不容易，在8天後被釋放。

被釋放後的第二天，錢校長在校長室接見我和蕭信雄。錢校長對我們沒有稍加責難，只是說：「廖同學，假如是我的話，我會先把書唸好。」，我非常敬佩錢校長，因爲在當時那種威權體制下，錢校長也受到傷害。因爲事後有人質疑，爲什麽情治單位的人，可以在大學裡任意抓走學生？而在這事件發生前不久，東京大學也因爲反對日美簽訂安保條約，爆發了大學潮，東大校方就不讓警察在校園內逮捕學生。不過，我想那時候台灣的政治情勢，錢校長也是萬般無奈。換成別人，一定是記過並嚴加管束，否則如何對當權者交代？當時的情景，記憶猶新，錢校長的包容、呵護，終身難忘！

第二件在台大與錢校長有關的事，可能都已經被忽略了。今天的大學畢業生在畢業典禮儀式上，穿上學士袍、碩士袍或博士袍參加，並繞校園一周，已是司空見慣沒什麽稀奇的事。但是以

台大四十八學年度畢業生園遊會，左一爲錢思亮校長，右二爲文學院院長沈剛伯教授，右三爲訓導長劉發煊教授。（民國四十九年六月）

前，學生是穿著卡其布制服參加畢業典禮。一直到1960年，當時我擔任畢業生聯誼會（畢聯會）的顧問，大家商量後，推派畢聯會劉敦善主席，晉見校長建議作一些改變，希望能仿效國外穿著學士服參加畢業典禮。錢校長很親切的接納，並表示他也很想有所改進，只不過學校的經費真的有限。經過好幾次的討論後，最後決定，由當屆畢業生們與學校各負擔一半的經費，訂作學士服，畢業典禮後，將學士服留給學弟妹。也就是說，從1960年6月我們那一屆的畢業典禮，畢業生有了專屬的學士服，爾後幾年內，連帶發展出全台灣各大專院校畢業生在畢業典禮當天穿著學士服繞校園一周的模式。如今回想起來，假使當年不是樂於傾聽與廣納意見的錢校長，在當時之戒嚴體制下，這件事也不知何時才能實現！

第三件事是在錢校長已改任中央研究院院長，我也學成返國擔任台灣省水産試驗所東港分所長時，我陪伴日本東京大學時代的恩師大島泰雄教授一行五人，在彼等來台參加中日栽培漁業研討會的期間，前往中研院拜會，錢院長非常高興並熱烈地接待我們，辭行前還特別贈書給大島教授，留下美好的回憶。

綜上，適值衷心敬愛的錢院長百齡冥誕之際，能受邀撰文，記下數則故事，是乃無限之光榮，他的「長者」風範永留我心！

作者爲中央研究院院士
畢業於台大動物系漁業生物組（民國四十九年）

錢院長贈書給大島泰雄名譽教授。(民國七十年十二月)

錢校長在中研院院長室接見來台參加中日栽培漁業研討會專家學者一行。右三爲東京大學名譽教授大島泰雄先生，右四爲東京大學平野礼次郎教授，左二爲筆者。(民國七十年十二月)

故錢思亮校長與本校護理学系的成立

◎ 余玉眉

從一些殘缺的歷史片斷來看，錢思亮校長與台灣護理教育發展的關係，可說是從接下由傅斯年校長於1950年3月創辦的「台灣大學附設高級護士職業學校」開始的。此一記載，可以從錢校長於1953年3月爲「附設高級護士職業學校」第一屆畢業生題字勉勵的字蹟（見圖一）可見一斑。

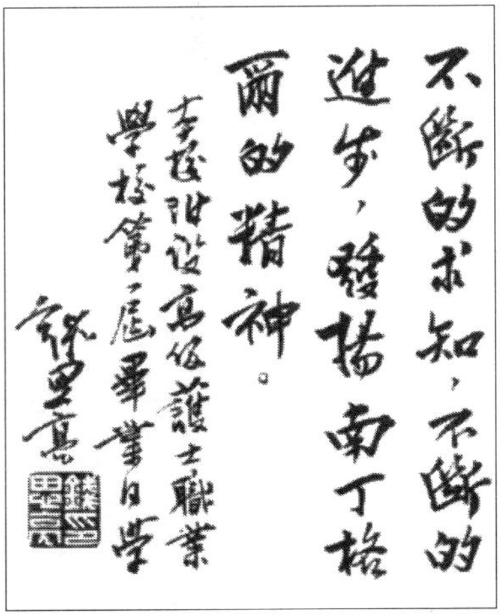

圖一 錢校長於民國四十二年爲本校附設高級護士職業學校第一屆畢業班同學之題字

就在這時，一群當時派駐台灣的美國經合總署（Economic Cooperation Agency, ECA後改爲ICA，又改爲AID）衛生組以

圖二 錢校長和錢夫人一起與護理學系第一屆畢業生於畢業典禮後合影（民國四十九年六月）

及世界衛生組織（WHO）派駐附設醫院的五位護理顧問，於協助「附設高級護士職業學校」教學之際，也同時向錢校長提出台灣大學醫學院應創設大學部護理學系的建議。在錢校長的大力支持下，乃將籌劃成立護理學系的重任，交由當時已出任「台灣大學附設高級護士職業學校」校長兼附設醫院護理部主任的陳翠玉女士負責，籌備工作乃於1953年開始積極地進行。俟成立護理學系的計畫略具規模以後，錢校長隨即進行儲備未來系主任人選的工作。由於當時台灣人具備護理學士以上學歷的人士可以說完全缺如，於是在錢校長與醫學院魏火曜院長的特別考量下，乃決定推薦曾於1948年取得加拿大多倫多大學護理學系護理教育學士的陳翠玉校長，再赴美國進修碩士學位。陳翠玉校長在WHO獎學金的支助下，不負衆望，於1955年夏季，取得波士頓大學的護理行政碩士學位後立即返台。不料當時隨著二二八的陰影，台灣正陷入白色恐怖的政治風暴，教育單位也無端地捲入，於是在1956年秋季，也就在護理學系已獲得教育部許可成立，並正進行第一屆學生招生事宜之際，陳翠玉校長被「附設高級護士職業學校」駐校教官及一小部分理念相左的教職員工，一票向台北地方法院(控)告以(陳翠玉校長涉及)貪污、瀆職等罪狀。也使得陳翠玉校長於台北地方法院第一審判決貪污、瀆職等罪名後，立刻被下令免職，並遭到軟禁。成立護理學系的後續工作演變成如此這般情事，想絕對是錢校長與魏火曜院長始料未及的。陳翠玉校長經過兩次的上訴，前後近三年的訴訟，終獲高等法院與最高法院判定無罪。於

圖三 錢校長與錢夫人於護理學系歡送第一屆畢業生茶會中合影（場所：台大醫院西址大會議室 民國四十九年六月）

最高法院判定無罪後，雖然錢校長設法竭力慰留，並著手爲陳翠玉校長辦理復職的相關手續，但是，陳翠玉校長卻決定帶著失望與傷心的心情，於1958年2月黯然離開台灣。

如今回顧，護理學系成立的過程，真可以滿城政治風雨來形容，由於陳翠玉校長的事件，護理學系第一屆22位學生於1956年秋季入學時，錢校長就必須面對沒有系主任的尷尬，結果是，特別商請了魏火曜院長來代理護理學系的創系主任。不過，錢校長也在這時積極向外界尋覓適當的系主任人選。經過錢校長鍥而不捨的努力，從國防醫學院請來余道真教授擔任護理學系的主任。余道真主任是在1957年2月以借調的方式到台大。從此，余道真主任在錢校長的託付與全力支持下，出任護理學系的系主任前後15年之久。在這一段護理學系初期發展過程中，錢校長可能因對護理學系成立過程所遭遇的波折特別耿耿於懷，所以對護理學系的呵護和對學生的關心與愛護，是其他學系師生都相當羨慕的，身爲護理學系第一屆學生感觸與感動，更是特別深。

護理學系第一屆於1960年6月，共有19位學生畢業，在校本部舉行畢業典禮後，錢校長和錢夫人就特別不忘要和我們合照（見圖二），接著錢校長和錢夫人又風塵僕僕地趕到設於附設醫院的歡（度）送畢業生茶會（見圖三）。錢校長對護理學系的支持與愛護，一向是以行動來表達的。

圖四 錢校長出席護理學系歡送第八屆畢業生茶會時與台大醫院邱仕榮院長等貴賓談敘（民國五十三年六月）

之後，錢校長對護理學系的關心從未間斷，在錢校長日理萬機的校務中，只要護理學系爲每一屆畢業生召開歡送茶會，錢校長都堅持親自與會送別。記得錢校長送給畢業生的歡送詞都相當簡短而充滿叮嚀的話，往往讓學生們深感溫暖（見圖四）。到了1966年11月15日，當護理學系決定於當時自己擁有的護理館二樓（現已拆除）擴大舉辦成立十週年慶祝活動後，錢校長不僅爲慶祝專刊親自於可愛的刊頭題字（見圖五），更在慶祝護理學系成立十週年的酒會中穿梭於人群，和來賓不斷交談（見圖六），並且表示他最喜歡參加護理學系的活動，因爲來到護理學系他的壓力一下子就消失了！其實，護理學系的師生哪一位不是都以熱烈的心情歡迎錢校長的蒞臨?

圖五 錢校長爲護理學系成立十周年專刊刊頭題詞（民國五十五年十一月十五日）

如今，在紀念錢思亮故校長百歲冥誕之際，我們不僅未曾淡忘過去錢校長爲護理學系的成立所做的努力與所遭遇的的挫折，反而在拼湊一些被視爲禁忌的歷史片段中，對錢校長的感謝與思念變得更深更重。

作者畢業於台大護理學系
（民國四十九年第一屆畢業生）

圖六 錢校長出席護理學系成立十週年慶祝酒會（民國五十五年十一月）

養生如同治學的錢思亮校長

◎ 謝炎堯

我的台灣大學醫學院畢業證書，就是由錢思亮校長頒發的；我升任台大醫院主治醫師不久，內科主任蔡錫琴教授就指定我擔任錢校長的家庭醫師，因此，經常出入福州街二十號的台大校長公館。

錢校長的頭型比蘇貞昌院長大而且亮，走路緩慢，好像身體不堪負荷的模樣。說話時，經常帶有一絲嚴肅認真的微笑，讓人感受親切與敬重。

錢校長畢業於清華大學，留學美國，獲得伊利諾大學的化學博士，學成歸國後，在北京大學擔任化學系教授兼系主任，抗戰中一度在西南聯大任教，第二次世界大戰終戰後，隨同傅斯年校長來台，以後繼任爲台灣大學校長。傅斯年和錢思亮兩位校長，將美國和北京大學的自由學術風氣帶進台灣大學，無爲而治，帶動台灣大學蓬勃發展，成爲一流學府，造就許多各界優秀人才，讓校友和學子們都以能成爲台大人爲光榮。

錢校長罹患糖尿病和輕度高血壓症，他的飲食控制，遵照營養師的熱量攝取處方，使用天平秤食物重量，以便計算每餐每日所攝取的熱量。錢公館是台灣大學的日式建物宿舍，有廣大的庭院，每日運動，在庭院內散步，以計算錶計算步數，並且作成記錄，一絲不拘，養生如同治學嚴謹，讓人欽佩。錢校長逝世時，我人在國外，未能照顧他，至感遺憾。

錢校長在世時，政府發行「愛國獎券」，頭獎實得新台幣二十萬元，有一「捲簾格」的燈謎「孔明購買愛國獎券」，是當時名人一，謎底就是「亮思錢」，倒轉念成「錢思亮」，意思是諸葛「亮」想要錢。

錢校長的三公子錢復伉儷一家四人，和錢校長伉儷住在一起，大公子錢纯前財政部部長的兩位千金，美明和婉孫，雖然沒有住在一起，可是身體不適時，也由我照顧。有一次錢復伉儷請我和內人，到中山北路的「壽樂」餐廳吃日本料理，籍貫浙江的錢先生喜歡品嘗生魚片和日本料理，讓我感到有點好奇與意外。

立法委員在立法院向錢校長質詢並且指責台大醫院的醫師收取紅包，錢校長替台大醫院的醫師辯護說，病人受醫師的照顧，爲感恩感謝，贈送禮物，是禮義之邦的常情，不是收取賄賂的貪污行爲，並且以他爲例說明，我可以作證所言不虛。

錢老太太張婉度女士體型纖小，而且罹患慢性氣管炎，有呼吸功能不足的症狀，健康高齡人的動脈血含氧氣體分壓至少應有60 毫米汞柱，若低於50 毫米汞柱，就要考慮使用人工呼吸器幫助呼吸，可是錢老太太的動脈血氧氣分壓低到只有49 毫米汞柱，仍然可以維持日常居家生活，甚至於和胡適先生的遺孀打麻將。大家都知道錢思亮先生和胡適先生兩家是世交，胡適先生的遺孀一度中風昏迷住台大醫院加護病房時，由我照顧，幸運的康復到又能和錢老太太打麻將。

錢老太太平常雖然不需要依賴氧氣維生，可是一旦有貧血，病情立即迅速惡化，必須儘快輸血急救，有一次錢老太太住院我發現有貧血，病情危急，我自以爲我的血液最乾淨，而且和錢老太太的血型相同，所以就抽取我的血液輸給錢老太太，這一舉動讓錢復伉儷經常記掛在心，屢次提起，實在不敢當，當時錢太太還特別燉雞給我進補。

錢校長的二公子錢煦博士是我台灣大學醫學院的學長，當時已是受學生敬重的美國哥倫比亞大學醫學院的生理學名教授，我向他索取剛發明不久的Schwan-Ganz肺動脈導管六條，在台大醫院加護病房使用於監測休克病人的治療過程，是台灣醫學史的創舉。

錢復伉儷的公子國維和千金美端，和我家的兒子孟祥、孟佼年齡相近，而且是復興小學與再興中學的同學，小時候常有來往，長大後各奔前程，難得有見面的機會。

我擔任錢校長的家庭醫師並沒有因爲錢校長的逝世而終止，反而擴大到包括錢太太田玲玲女士的娘家和妹妹邱太太田莉莉女士一家人，延續至今，歷經四代，難能可貴。在錢校長的百齡冥誕即將來臨時，緬懷錢校長治理台灣大學的卓越成就，過去相處時光，目睹錢家一門豪傑，人丁旺盛，我相信錢校長伉儷，在天之靈，一定是心滿意足，沒有顧慮與遺憾。

作者現任和信治癌中心醫院副院長
畢業於台大醫學院（民國五十一年）

紀念錢故院長思亮先生百歲冥誕

◎周昌弘

錢故院長思亮先生逝世已二十四年了，爲紀念 先生百年冥誕昌弘奉錢煦院士之邀撰文以懷念故院長，至感榮寵。爲不再重複二十四年前寫的紀念文，本文僅陳述錢院長的言行及治理中研院院務的片段記憶。藉此方隅表達對故人崇敬之誠。

昌弘在台大念書時（1961~1965），先生擔任校長，一般言之，我們僅能在新生訓練、開學典禮及畢業典禮看到校長。校長給我們的印象是位溫文儒雅的學者，每次校長的演講沒有華麗詞藻，或煽動言辭以取悅聽衆，而是引經據典，尤其精於數據。但我們那班同學卻多了一次看見校長的機會。一次是植物系標本館落成，校長來祝賀並勉勵同學要多加利用植物標本。在當年學校

民國五十三年十一月十五日錢校長思亮先生出席台灣大學植物學系標本館落成與師生合影（左五：錢思亮校長；左六：棣慕華教授（Prof. Charles DeVol）；右三：楊寶瑜主任；其餘爲植物系同學；左二爲作者）

經費極端拮据的情形下，校長能給一筆經費擴建標本館是一件不容易的事（照片一）。另外校長也絕不遺漏每系畢業生所舉行的謝師會（照片二）。校長來祝賀雖沒有全程用完餐，但他給大家一個臨別贈言，大意是：「植物學雖是一個冷門科學，但卻是一門貢獻人類最大的基礎科學，希望同學不要放棄追求自然科學，成爲一個植物學家……。」此句贈言一直留在我腦海中永遠不忘。昌弘從學士、碩士、博士，直到現在，凡四十六年，從未間斷植物學的基礎學習及研究，此領域浩瀚無垠、深奧無窮，只要肯鑽，隨時都可發現新寶藏。

一九七二年我應聘到中央研究院植物研究所服務。當時的所長郭宗德院士帶我們三位新進同仁去拜見錢院長（錢院長於一九七〇年擔任院長），院長和藹可親，跟我們講了一些話，不外乎好好做研究。當時中研院預算很少，所裡只提供每位研究室主持人新台幣六萬元。請一位助理用去了近三萬元，所剩無幾要買藥品及玻璃器皿都不夠，不用說買儀器了，當時所長特別給我和張和喜博士買了一個冰箱共用。爲做好研究，只有向外求援。錢院長希望不要靠研究院本身的經費而要向外爭取。他的話言猶在耳。拜見完後，院長親自送我們到門口，我以爲錢院長是因爲郭所長帶我們同仁去拜見院長才有此禮遇。後來，我每次去拜見院長或請教事宜時，他也是每次都送我到門口。此種禮貌雖是小事，但可以看出院長之謙沖與待客之道，我相信所有面見錢院長的人都一定會有同樣的感覺，這也成爲我日後接見同事的必然態度。

昌弘在中研院服務共三十年，歷經錢思亮先生、吳大猷先生及李遠哲先生三位院長。這三位院長都是讓我非常仰慕與敬重的

錢校長思亮先生參加民國五十四年級畢業生謝師會晚宴，右三：錢校長；
右一：顧教務長元亮，左二：O'hara教授

學者。然而三位院長的風格均不同。錢院長最具典型中國讀書人之儒雅風範，錢老先生從不急言厲色，遇到有問題時他會直接找你談，而且必會充分了解後才結束。舉例言之，一九八三年我奉院長之命組團出席第十五次太平洋科學會議（PSA）。我非常惶恐，因爲當時擔任首席代表者都是學界的領導人，而我卻是四十出頭的年輕人，論資歷我是絕對不夠格。當時PSA遇到最大難題是我們會因中共入會而受排斥。我臨危受命，深怕鎩羽而歸，奉命之初，三夜睡不著覺，行前去拜見院長及高化臣總幹事面授機宜，院長說：「我知道此行對你負擔很重，但你必須勇敢面對，儘量能找PSA同儕幫忙」。高總幹事更勉勵我「要忍辱負重」。皇天保佑台灣，那次的“戰役”非常成功，中國無理的四大要求，理事會及會長均不同意，故那次中共未得逞，亦未入會。其間昌弘與代表同仁周旋於PSA理事之運作難以筆墨言喧。我在回國的會議報告書中寫得很詳細，院長字句詳讀，其中有一句話及一字英文字母拼錯了，錢院長並未直接在報告書上改，而請我去談了一下，因爲英文字少了一個“s”，而那中文句子可以改得更圓融。昌弘實在佩服院長的細心與關愛。爲保密起見且當年無電腦可用，我的報告書是親自書寫的，據當年的院長機要秘書那先生說：「院長很喜歡你的報告書，字寫的很清晰漂亮，……。」這個讚美之詞我終身難忘。也許這次成功的保衛會籍，院長就推薦我爲當年總統府最優公務人員褒舉獎章。

錢院長在處理國際學術事務都非常謹慎小心，用字遣詞都很講究，譬如：國際毒物學聯合會（International Union of Toxicology, 簡稱IUTOX）中華民國委員會代表台灣入IUTOX會員時，理論上應該用R.O.C. National Committee for IUTOX，但爲避免中共及IUTOX之杯葛，錢院長刻意不用ROCNC，而改用"The Committee of Toxicology of Academia Sinica, Taipei，簡稱CTAST"，名稱參加IUTOX成爲會員國。而不用The Toxicology Committee of Academia Sinica, Taipei, 簡稱TCAST，此名稱易與中國的China Association for Science and Technology，簡稱CAST混淆。迄今無命名之問題。十年前各國都改以Society of Toxicology名稱參加，我國代表李鎮源院士也改以「The Toxicological Society of Taiwan」爲會員名稱。雖然中國近幾年來老是提出威脅要把我們代表名稱降名爲「The Toxicological Society located in Taipei」，但經我方多次努力，在上次（2004年）及今（2007）年的大會都成功的保衛了。根據大會的章程，中國沒有理由要把台灣降爲次等名稱。尤有進者，IUBS（國際生物科學聯合會）在中國1987年入會時，我亦秉持錢院長1983年的指示，我國以Academia Sinica, Taipei而中國以「China Association for Science and Technology簡稱CAST, Beijing」各自代表二個對等的會員，迄今中國進入IUBS已二十年均無異議。若當年我們堅持用ROCNC代表名稱時，可能又被中國要以ICSU模式，而要降格我們的名稱。此觀點可證明當年錢院長之深謀遠慮及睿智決定。由於錢院長、吳院長的提攜及鼓勵，昌弘自1975年參與PSA會議迄今三十餘年，歷經國際會議不下五十次，這些策略的運用及二位老人家的睿智使我國受益匪淺，台灣在國際學術組織的地位屹立不搖，錢、吳二位故院長之功決不可沒。

另一件很重要的事是二十多年前，總統府評鑑中央研究院，其結果；據知，當時李國鼎先生主張將中研院物理所及化學所廢掉，但錢院長不但不廢而且銳意改革二所，延攬傑出、優秀研究人員，使二研究所在十年內脫胎換骨，也成爲中研院最重要且表現優異的研究所。迄今，物理所及化學所已成爲中研院自然科學方面的強棒，錢故院長有此改革使中研院不再受外界批評。

錢故院長在台灣經濟最困難的時期擔任中研院院長共十三年（民國五十九年六月至民國七十二年九月），在其任內增設五個研究所（三民主義研究所、美國文化研究所、地球科學研究所、生物化學研究所、資訊科學研究所），並增設生物醫學、統計學、原子與分子科學三研究所及分子生物學綜合研究室四個籌備處，對最新尖端科學的移植不遺餘力。錢院長對中研院的發展居功厥偉，其儒雅的學者風範，誨人不倦的精神及愛國愛人的情操永遠爲昌弘及後世子孫仰望與學習的典範。

寫於二〇〇七年八月十七日
台中中國醫藥大學生物多樣性研究中心
作者爲中央研究院院士
畢業於台大植物系（民國五十四年）

高山仰止，景行行止

◎ **李源德**

明年適值錢思亮前校長百齡冥誕，哲人日遠，典型夙昔。憶及錢校長掌舵台大近二十年，高風亮節，功在杏壇。本文擬不揣淺陋，略述個人所知一二事誼，以表對其崇敬之心、思念之情。

年歲增長，記憶泛黃，爲使本文不致發生謬誤，特別向台大病歷室借出錢校長病歷。舊時紙張，往事歷歷，一筆一劃，恍如昨日。與錢校長的緣分始於民國五十八年，那時我是第三年住院醫師，在內科主任蔡錫琴教授帶領下，第一次與錢校長有近距離接觸。之後老師交待要我負責錢校長的健康，偶爾會去錢校長府上探視情況，因此與其家人有較深的認識。

錢校長長期罹患糖尿病，偶或併發其他病症入院治療。住院期間，除專精糖尿病的蔡詩顯教授診治外，另外亦有神經科李悌愷教授及洪祖培教授、神經外科林成德教授、腎臟科陳萬裕教授、心臟內科陳炯明教授及蔡錫琴教授、眼科楊燕飛教授、放射科姜藍章教授等赫赫有名的頂尖主治醫師群聯合會診。原本蔡錫琴教授指定腸胃科楊鼎勳醫師負責照護錢校長，但後來楊醫師因個人因素，蔡教授便要我接下照護工作。

記得有一次錢校長住院，已是主治醫師的我去巡房探視時，剛好電話響起，我順手拿起電話，不料電話線竟將桌上的飯碗打落在地。當時傳言高層有意要錢校長空出台大校長職位，希望其轉任中研究院長。繼續留在台大應該是錢校長的職志，總有依依不捨之情。值此關鍵時刻，似乎因打破飯碗聯想到不好的徵兆，錢校長的心情明顯受到影響，但是仍保有良好風度與修養，沒有責備的眼神或話語，當時錢校長的長公子錢純先生好像也在場。對此情形，我很是惶恐難過，一整天都悶悶不樂，不想說話。

錢校長是我看過最有恆心毅力的病人之一。很多人建議錢校長在身體情況穩定時應該多運動，錢校長也從善如流，隨身攜帶一隻「萬步表」，每天至少走上六千步。倘若走不到六千步，他會在回家途中下車走路，讓司機紀先生駕車跟在後面，直到滿六千步，才上車回家。錢校長爲學爲人執著，身體力行，數十年如一日，不曾減少。

錢校長自民國四十年一月起擔任台大第五任校長，直到民國五十九年五月方卸任斯職，轉任中央研究院院長。錢校長一向處世謙和，治事認真。民國七十二年，兩岸爭取國際級院士日趨白熱化之際，錢校長有意赴美徵求更多院士回國參加會議。當時，錢校長偶有胸痛現象，走路有時會喘，我建議他應該取消行程，多在國內休養。但是，錢校長肩負重責大任，恐怕回國開會的院士人數減少，無法壯大聲勢，甚至使國家陷於困境，仍然堅持五月訪德旅美。

不想美國一行，僕僕風塵，造成錢校長的身體機能大量耗損。回國不久，即有心臟衰竭現象，狀似感冒，其後病程起起伏伏，時好時壞，或肺水腫合併肺炎，或糖尿病難以駕馭，或腎功能惡化，許多病症接踵而至。在諸多院內專家共同診療下，住院近三個月，仍然束手無策。

錢校長要走的那一天，我在內科急救室也有病患在急救，這位病人救活了，後來也安度十餘年；但錢校長那時候卻在急救四十分鐘後，因急性心肌梗塞引起的心臟衰弱宣告不治。其實，錢校長主要病症是糖尿病，由於早期的觀念認爲糖尿病與心臟病是不同的疾病，不若今天已將糖尿病視爲引起心臟病的重要危險因子，採取更積極的處置方式。

就今日的治療方法而言，對於一位年事已高的糖尿病患者，可以作塗藥支架置放，也可以進行冠狀動脈繞道手術，很可惜當年沒有這樣的概念和技術。想到敬愛的錢校長如果有機會接受現代醫療，必然會有迥異以往的治療成果，爲我國學術界謀求更好的進展，惟上天不假以時年，如今只能喟然長嘆！

近十五年的醫病關係，「得之於人者多，出之於己者少」，感觸尤深。錢校長謙沖爲懷，剛正不苟，不僅是一位人人崇敬的學術領導者，更是我輩學習的最佳榜樣。「高山仰止，景行行止」，錢校長一生爲台灣學術界的付出及奉獻，將是我們永遠追隨的典範。

作者爲台大醫學院名譽教授
畢業於台大醫學院（民國五十四年）

紀念錢思亮先生

◎ 劉兆玄

錢思亮先生從1949年到1970年在台大化學系任教授共21年，其中從1951年起的十九年擔任台大校長；我是台大化學系1960–1964年的學生，其時錢先生早已不開課，所以我對錢校長可說沒有多少直接的認識。但是，我對錢校長的尊敬卻是來自多年以後，一種很間接卻很深遠的體認。這跟我數十年來也在大學任教，也是大學校長的生涯有些關聯。

記憶中我對錢校長唯一的直接印象是在大一新生訓練時他的演講。我不記得他講話的主題是什麼，卻記得他用了很長的時間，極認真、極耐心地對我們講怎樣做好一個定量的化學實驗。他從如何用天平秤藥品一直講到如何烘乾生成物、秤重量，我坐在下面懵懵懂懂神遊天外，直到回過神來，他還在細述實驗的訣要。但我卻記得他這一段的結語竟然是：實驗的每一個步驟細節都須一絲不苟，但你仍然可能得到錯誤的結果。當時我的反應是覺得好笑，若干年後，我卻越來越覺得有道理。因爲只要每一步都認真做過，既使結果有差錯了，由於對每一步驟的確實度都有信心，便一定能找到始料未及之錯的所在。

曾經修過錢校長有機化學的學長告訴我，錢校長教書極爲認真清晰、一絲不苟。一位早期畢業校友留學歸國在母系任教時，錢校長勉勵他教學一定要完整仔細，耐心顧到細節，不要以爲隨便放過，學生自己會瞭解；這些聽來的第一手印象，顯然與我個人感覺是一致的。雖未上過錢校長的課，我可確信他當年一定是位最好的教師。

在我就讀台大的四年間，我對錢『校長』沒有留下什麼特別的印象，然而若干年後我漸漸明白在那個時代想要維護一個具指標性首善大學的自由學風，不讓政治或其他非學術勢力侵犯，是多麼不容易的一項工作。錢思亮校長以十九年的時間，坐在校長的座位上默默地以他的智慧及耐心達成了任務。這是我對錢校長任十九年台大校長的概括感覺，有趣的是，所有同時代的台大同學談起錢校長時，這幾乎是大家一致的感覺。

在我自己擔任教授工作時，便深刻體會到在課堂中認真、耐心、清晰解惑對學生的重要性。後來我自己做了清華的校長，正好是大學校園處於所謂民主浪濤衝擊的時代，在我力圖維持學術自由校園民主與當時的教育政策之間良性平衡時，我自然會想，梅貽琦校長、錢思亮校長他們會如何做？當我處理校園中政治性突發事件時，我會自問，傅斯年校長會怎麼做?這幾位前輩校長我都無緣親其風範，但是夙昔典型，很多寶貴的思想風格就在設身處地及用心體會中默默承傳了。

錢校長的口才並不佳，據說話也不多，梅貽琦校長更是接近木訥，但是那個時代卻能讓這些沉默的風範在大學中直接間接地、深遠地影響著青年學子；桃李無言，下自成蹊，斯之謂歟?

作者由民國九十三年起任東吳大學校長
於民國七十六年至八十二年任清華大學校長
畢業於台大化學系（民國五十四年）

永恆的追思與銘感

老校長錢公思亮先生百歲冥誕紀念文

◎ 古飄萍　蕭良章

中華民國九十七年（公元二〇〇八年）二月十五日（農曆正月初九日），恭逢前國立台灣大學校長，中央研究院長錢公思亮先生百歲冥誕紀念日，先生哲嗣爲追懷老校長獻身教育、學術研究垂五十年之不朽勳業，特函邀先生生前友好、同僚、親戚暨學生等撰文，出刊錢公百歲冥誕紀念專集。古學長飄萍兄接獲通知，以老校長主持台大校政二十年，吾儕在校攻讀學分班暨正式學籍生，前後亙立十五六年，有修滿三百多個學分者，胥在老校長任內。有部份同學且曾選修過老校長所開「化學」課程，親炙春風，師恩浩瀚，淵源之深厚，說爲「空前絕後」，似應當之無愧，諒非誇大之詞耳。因而囑余來草撰此文，斯乃非常有意義之事，將盡力而爲，但恐「不識廬山真面目，只緣身在此山中」，難得客觀之認識，舛誤處，敬祈 大雅正之。

光陰荏苒，歲月不居，老校長逝世距今二十四年有餘，師長們亡多存寡，同窗硯友亦斑然老矣，部份年長者已隨老校長西歸。然老校長的形跡雖邈不可見，而典型猶存，其謦欬音容，諄諄教誨，無不一一深植吾儕尚存者之心中，永矢弗諼，言之不禁潸然淚下。

公童年曾遭逢大難，腳得嚴重骨髓炎症，醫生建議鋸去左腿，經太夫人反對方得保全，小學一二年級不能上學，延師在家補習，三年級插班入校讀，故特別注重健康，用功讀書，天津南開中學畢業，即能考入北京有名的清華大學化學系，嗣入美國伊利諾大學深造，獲得理學碩士暨哲學博士，二十年初返國，就聘爲北京大學教授。抗戰勝利後，中原逐鹿又起，北京城被圍困，陸路交通斷絕，三十八年初，政府派專機營救出險，轉聘爲國立台灣大學教授兼教務長，輔佐校長傅孟真斯年。翌年冬，傅校長以腦溢血遽逝，四十年三月接任校長，五十三年當選中央研究院院士，五十九年六月轉任中央研究院院長，並兼任行政院原子能委員會主任委員，此等機構地位崇隆，執教育學術研究之牛耳，先生學養淵博，領袖群倫，執簡馭繁，舉措中肯，指示津梁，烜赫極矣。生平事蹟昭耀史冊，將永垂不朽，七十二年九月十五日，病逝台北，享年七十有六歲，噩耗傳出，國喪老成，識與不識，無不咸感哀傷，不僅士林震悼已也。

老校長主持吾校校政計二十年，篳路藍縷，建立長期發展計畫，愼攬優良師資，注重研究，爭取到教育經費與大量美援，擴建設施，增加系所，與美國華盛頓、加州、密西根州、哥倫比亞、杜克諸大學進行學術合作，交換學生暨遴薦教師赴美進修，及與國內各公私立機構辦理建教合作，或合辦各種如數學、物理、化學、生物等研究中心，添置大量圖書儀器，提升教學品質，使當年衆人心目中的一所三流大學之聲譽，快速的發展，爬升至能與北大相侔且有過之的國立台灣大學，傅公斯年首倡其大，錢公思亮實樹其規耳。化雨春風，教澤覃敷，其霑溉所及，今日歘歷廊廟者流，或縱橫海內外之學術界、工商界領袖人物，多能如數家珍言之，吾儕亦雅不欲僭越，贅言續貂耳。

吾人蘊結於心，且親身經歷，耿耿不能忘者，是老校長那種中國讀書人固有之磅礴氣節，「憂以天下，樂以天下」的偉大修爲，局阬陧不安，「弦誦不輟」的無畏精神。三十八年，中原板蕩，神州陸沉，國運阽危，政府播遷來台，以本省光復伊始，經濟蕭條，民生凋敝，社會一片衰敗亂象。加以來自內地的大批流亡青年，待業輟學，麕集台北，悽悽遑遑，風濤洶湧，不忍卒睹。更有甚者，以日據時期，高壓愚民政策，剝奪台胞受高等教育機會，是時全省僅台灣大學一所大學，學生人數僅數百人而已，故世人多目之爲「文化沙漠」，且地處邊陲海嶠之上，當初公職人員奉調來此者，多踟躕不前。此乃一急遽要設法解決之大問題。

老校長接篆後，殫精竭慮，苦心勞思，以提昇人民文化素質，普受高等教育，乃責無旁貸，深知國家財政拮据，大學日間部擴大招生名額，無法辦到，乃另闢蹊徑，擬定籌設夜間補習班招生簡章，提經校內行政會議通過，報奉教育部核准後，遴聘各科一流名教授，於夜間利用本校台北市徐州路法學院場所上課，招收高中程度學生，採登記繳費制，不須入學考試，學生選修學分經期末考試及格者，製發證明書，可抵免正式生應修學分。

招生簡章一出，造成一時轟動，嚮往者惟殷，報名人數衆多，將法學院校園內外，擠得水瀉不通，教室無法容納，連大禮堂亦權充報名人數較多之班次課堂。仍無法消化排隊長龍，向隅者衆，故學長鄭劍泉曾留有盛況照片，且在台大校內刊物(天籟)第三期發表(民國六十一年六月十九日出刊)。故陶逸明學長排了一天的隊，第一年即未曾登記到者。除國、英、及三民主義(國父思想)等課程，由校內教授孫云遐、史次耘「國文」；酈廷楨、楊耐冬、蕭廉任、翁廷樞「英文」；傅啟學、張正藩「三民主義(國父思想)」等教授擔任外。專業課程均是一流名師，試就個人記憶所及，法政經計學方面試舉如下：

錢思亮　「化學」校長，特別首倡性質、中央研究院長

薩孟武　「政治學」教授，法學院長、立法委員

戴炎輝　「中國法制史」教授兼班主任、大法官、司法院院長、
院長：戴辭劉純白教授接，程維賢教授班副主任

施建生　「經濟學」教授、法學院長

洪應灶　「憲法」教授、法律系主任、代法學院長

梅仲協　「民法總則」教授、法律系主任

韓忠謨　「刑法總則」教授、法學院長、教務長、司法院副院長

洪遜欣　「法理學」教授、大法官

林紀東　「行政法」、「憲法」教授、大法官

曾繁康　「比較憲法」教授、大法官

林　彬　「刑法總則」教授、大法官、司法行政部長

王伯琦　「民法債總」教授

陳樸生　「刑事訴訟法」教授、最高法院院長、大法官

陳棋賢　「刑法分則」教授

趙　琛　「刑法總則教授」、最高檢察長、司法行政部次長

姚瑞光　「民事訴訟法」教授、大法官

鄭玉波　「民法總則、「民法債總」教授、大法官

汪禕成　「強制執行法」教授

劉甲乙　「票據法、「國際公法」教授、法律系主任

雷崧生　「國際公法」教授

華　嚴　「經濟學」教授、經濟系主任、法學院長

毛子水　「科學發達史」教授

郭婉容　「經濟學」教授、中央銀行副總裁、財政部長

桂　裕　「海商法」教授

陳國新　「政治學」教授、政治系主任

周玉津　「財政學」教授

翁岳生　「法學緒論」、「行政法」教授、大法官、司法院長

黃錫和　「財政學」教授

張劍寒　「行政法」教授、法學院長、大法官（辭）、行政院政務委員

趙蘭坪　「經濟學」教授

朱國璋　「商事會計」教授

勞　幹　「中國史綱」教授

杜維運　「近代史教授」，以「念天地之悠悠獨愴然而淚下」激勵同學考進夜間部第一屆就讀時，新進一批國外留學博

士教師。他們年紀與吾儕相近，早年在台灣大學讀書，亦與吾儕進「夜間班」時間差不多，他們學有專精，上課認真，受到大家尊敬，師生關係良好，畢業三四十年了，大多尚經常保持聯絡，他們是：

蔡墩銘　「刑法總則」、「刑法分則」、「刑訴」教授、法律系主任

王澤鑑　「民法物權」教授、法律系主任、大法官

戴東雄　「民法繼承」教授、法律系主任、法學院長、大法官

蘇俊雄　「刑法」教授、大法官

張甘妹　「犯罪學」教授、台灣省政府委員

許森貴　「政治學」教授、律師

曾世雄　「票據法」教授

徐小波　「海商法」教授、理律律師事務所負責人

蘇遠成　「國際私法」教授、律師

駱永家　「民事訴訟法」教授、教務分處主任

王仁宏　「民事訴訟法」教授兼總務長、行政院法規會主任委員、國立高雄大學校長，數邀同學去高屏觀光招待

以上這些教授均是老校長遴聘，或是彼等仰慕老校長學界泰斗，經師人師的令譽，願來貢獻所學，灌溉台大這塊園地，使沙漠中始現綠洲，由茁芽萌長，而至欣欣向榮，生氣勃勃，春意盎然，維持其不可破之「龍頭」地位。莘莘學子，長年寢饋載籍，焚膏繼晷，雒誦不倦，在良師循循善誘，諄諄教誨，硯友砌磋琢磨，相互砥礪，品學勇猛精進，成爲在機關學校等職場中的表率，

民國五十九年台大夜間部全體師生歡送錢校長

安定社會的中堅力量，惟待吾人即將畢業，中央遴選先生出任中央研究院院長，那是全國最高學術研究機構，應該爲他高興。只是吾人在他主持校務，念了十多年的書，結果畢業證書上的校長卻換了新人，故對他的離職，感到非常的難過與不捨。五十九年五月二十八日，全體同學在台北市僑光堂大廳舉行熱烈的歡送會，特自花蓮大理石工廠訂製精美的水紋石子文具一套，空運趕送台北會場。老校長在全體熱烈掌聲中進入會場，喜形於色，特別珍惜大家的心意。臨別贈言，祝賀大家即將畢業，佩服大家的長期努力，達到「有志者事竟成」的結果。同時告誡同學們，大學畢業只是求學一個小階段的結束，今後仍要持續不斷的努力學習，並希望將這種刻苦奮鬥的精神帶入社會，轉風易俗，「發揚士不可以不弘毅」傳統精神，開創個人光明的前途。最後全體合影留念，再以熱烈的掌聲恭送老校長回去，各自才帶著滿腹悵然若有所失與至感愉悅的複雜心情賦歸！

作者畢業於台大法律系（民國六十一年）

民國五十九年台灣大學夜間部全體師生歡送錢校長

親　友

紀念先疇表哥
百齡冥誕

◎ 曾王珩

公元二〇〇八年二月十五日（農曆正月初九日）是我最尊敬的先疇表哥百齡冥誕，他老人家雖然離開人世二十三年之久，但他的品德、操守和學問是我心目中的一代完人，是晚輩的楷模。值此之際，寫上幾件難以忘懷的往事，以表敬仰和崇拜之誠意。

當抗戰開始時，政府遷往內地重慶，先夫曾桐負責搬運空軍器材遷往雲南昆明，工作十分繁忙，無暇返滬迎接眷屬，適逢先疇表哥去西南聯大任教，由上海乘法國輪船，經過海防、河內至雲南昆明，因此珩懇求隨同前往，但我們母女伶仃，還帶著兩個月的嬰兒曾偉並女傭，均無旅行經驗，全靠先疇表哥細心照顧，並幫助提行李等等瑣事訴說不盡。當時先夫已在海防迎接，敬向先疇表哥叩謝以表感恩並依依握別。

不久先二姨母大人仙逝，先疇表哥回申奔母喪。翌年先二姨丈大人因堅持正義，不與敵偽妥協，當時漢奸胡世傑命令屬下槍擊，先二姨丈大人由法院返家途中遇害。當時先疇表哥尚在西南聯大執教，驚悉噩耗。痛定思痛，決心辭職返家，在附近化工公司工作，暫時維持開支。其時先疇表嫂身體柔弱，先疇表哥鶼鰈情深，細心呵護，幸能渡過抗戰時期。對三位賢姪教導嚴謹，因此皆品學兼優、彬彬有禮，不勝羨慕。

當敵偽占據上海時，物資缺乏，水電限用甚嚴，食物配給。連麵粉都生蟲，大家都不敢吃，先疇表哥說蟲吃的也是麵粉，衹要篩去不會有毒，可以安心吃了，於是得以順從充飢。

其時珩住在三樓，錢府住二樓和一樓客廳。因先夫在重慶工作，往返於中美之間，爲政府申請美援和帶領青少年同仁去美國實習，但不能和上海通信，也無接濟，家用老小四口需要維持，珩祇好孤軍獨鬥，經營商謀生。幸有先疇表哥表嫂兩位隨時照顧，獲得人情的溫暖，不勝感德。

不久，抗戰勝利舉國歡騰，先疇表哥開香檳慶祝，珩返杭州後去南京，各奔前程。

不久後韓國名校邀先疇表哥接受該校榮譽博士學位，返台時駕臨寒舍，贈珩一大瓶韓國特產人蔘酒，當時珩體弱患白血球過多症，年餘未癒，認爲人蔘滋補聖品，即日每晚服用一杯，待服完後再去檢查，白血球已正常，興奮之餘，感激惠賜之恩，永銘心版。

流光似水，轉瞬之間曾偉已由台大畢業，服兵役後赴德國進修，因水土不服，常常生病流鼻血，連棉被都濕透，不得已申請美國大學，幸得紐約大學NYU的獎學金，即刻前往就讀，有一段時間受到一些情感上的挫折。當時先疇表哥亦在美，對曾偉甚爲關心，當時請在台的先疇嫂來舍間看珩，並囑咐我要常常和偉兒通信，談談家常，以慰寂寞。還帶給我一張先疇表哥和偉兒在美國合影一張，並告常帶曾偉去用餐等等，令珩感激盛德，忍不住淚下，覺得茫茫不知所措，獨自坐在電視機邊，覺得畫面一片空白，度日如年。不久，海外遊子得到慈愛的長輩安撫和關懷，漸漸地正常，珩心裡的喜悅和刻骨銘心的感謝先疇表哥表嫂兩位的恩德，終生難忘。

記得有一次杭州同鄉請求他老人家幫助，先疇表哥說應該幫的事自當相助，但無理要求，絕不以同鄉關係違反他的原則。公正無私的德行，令人敬仰。

在台灣時連任台大校長甚久，對聯考甚有改進，務求公平。因此同仁和學生都非常尊敬他。老人家對待學生如親子一般愛護並栽培提攜，因此人才衆多，服務全球，可稱桃李滿天下。

任中央研究院院長時抱著案卷回家批閱，因此積勞成疾，爲國捐軀，驚聞哲人逝矣，不禁黯然淚下。

蒼天不負忠良，後繼有人：錢純、錢煦、錢復三位賢姪各有專才，爲國貢獻，光耀門楣，可稱錢府三傑。正當先疇表哥百齡冥誕之時，敬書獻文印賀。

作者曾桐夫人曾王珩女士是錢校長的表妹
今年九十五高齡，仍親筆寫此珍貴的紀念文
錢校長字惠疇，曾夫人稱其爲疇表哥

錢校長百歲冥誕

感謝追思

◎ 胡呂菊如

悉聞純、煦、復將要爲錢校長紀念百歲冥誕。對他們的孝心，甚感欣慰。

錢、胡二家爲三代世交。在今世代，實屬可貴。緬懷錢校長與三姊爲我及外子季和救命之恩，心中長存感激。

記得在民國五十年代，季和因時常感冒體弱，需打葡萄醣營養針，豈知葡萄醣有了細菌感染，同時有五人因而中毒，因錢校長及三姊幫助送台大醫院受到最好的醫生治療，而季和幸免於難。

我35歲時，因左邊乳房出血，三姊雖然身體不適，仍陪著我赴台大醫院找林天佑醫師開刀，所幸不是乳癌，僅是葡萄瘤惡化，手術成功，完全復原。

思亮先生與胡濈先生

錢校長一生和藹可親，正人君子，從無官架子，令人欽佩。三位公子也非常像他們的父親，和藹可親。

敬此簡述感激追思之意，並附上二張照片，一爲季和與錢校長合照，另一張是我與二姐、三姐在小女胡美結婚時所照。

胡呂菊如女士現年九十四歲，其先夫君胡濈先生字季和。
胡先生夫人稱錢夫人爲三姐，二姐爲錢夫人之姊鄧宗培夫人。

錢夫人、胡濈夫人（呂菊如女士）、鄧宗培夫人（張靜嫻女士爲錢夫人之姊）

恭祝思亮「大哥」百歲壽辰

◎ 曾淑昭

我用「大哥」稱呼思亮先生，這還是第一次。記得當年客居他府上，我稱他夫人「錢大姐」，叫起來輕鬆、自然。而他，也許是他溫靄性情中帶點嚴肅，「大哥」二字怎麽也開不了口。外子祖望總以「校長」呼之。我們與錢府就是這樣維繫一種含蓄的親密關係。如今多年過去，賢伉儷也已辭世，回首前塵，往事歷歷在目，我突然有種衝動，好想喊他一聲「大哥」，只是人天永隔，機緣不再，惟有在紙上聊補遺憾了。

一九五三年初夏，我與祖望自曼谷赴台，無處棲身，幸蒙邀居福州街校長官邸，一住經年。這段歲月，朝夕相處，食宿都在一起，彼此逐漸熟悉，逐漸了解。錢府一家五口，除夫婦二人，

民國四十二年錢夫人父親張昭芹先生八秩大壽，左爲錢夫人，右爲胡曾淑昭女士。

還有三名青年，錢純已自大學畢業，也已工作，錢煦及錢復仍在台大就讀。生活相當清苦，但都能安貧樂業，每日過得充實、愉快。白天家裡只剩錢大姐、女工及我。一近黃昏，下班的、放學的都回來了，屋內開始熱鬧起來，大大小小圍繞一室，暢談一日所見所聞，此起彼落，頓時滿室生春，趣味盎然。這種無拘無束，自由自在氣氛，拉近了親情，也拉近了友情。如今追憶，儘管當時物質生活貧拮，精神生活卻極豐郁。那年恰逢錢大姐令尊張昭芹先生八秩大壽，各界人士紛來祝賀；鴻儒大師、濟濟一堂。陳方、葉公超兩先生當衆畫竹繪蘭，胡慶育及羅家倫兩先生即席揮毫唱和，洋洋洒洒，真是文采風流，各領風騷。流光逝水，大師等俱往矣！然其文績風骨永恆不朽。

當年錢府來往客人幾乎都是共識，有一日蔣彥士先生到訪，他與錢府有點親誼，提起他童年，他想起他父親曾對他說：「你們讀書若能與疇哥哥一樣，那就太好了」。疇哥哥是思亮先生小名，即使他遠在平津，杭州家鄉戚族仍以他爲典範，可見他自幼便是個好學生。又有一晚，月亮特別圓，特別亮，我提到家翁適之先生常在詩中以月寄情。他若有所思，慢吞吞地對我說，這一生最大傷痛就是未能克盡孝道。我聽了很驚訝，他平素沉默寡言，從不向人傾吐心聲，怎可能今晚有點異常？月光下，清晰看得見他兩眼濕潤，滿面淒茫，我被感動的也直想哭。這個理性沉靜的人，內心竟是如此溫暖、感恩！他們夫妻二人，個性南轅北轍，錢大姐朗爽、健談、機靈、古道熱腸。有時她健康影響情緒，控制不了，遇到這種情形，他總是忍耐不語，眼內充滿憐惜與同情，這份包容，這樣深情，盡在不言中表露無遺。他與孩子之間也從不多言，以身作則，每日生活如一，準時、守法、勤奮、有恆、謙虛、淡泊、與世無爭。這些好修養、好品德形成一股強有力的身教，就在無聲中遠勝有聲。

一般人對思亮先生的感覺總認爲他嚴肅、刻板、沉靜，因爲他對人公正無私，坦坦蕩蕩，處事鎮定週密，一絲不苟。實際上他也有風趣頑皮的一面，更有一顆赤子之心。他特別寵愛貓，家裡養了兩隻。一隻黑白相間，名叫獅子；還有一隻深淺黃色互映，叫做黃象。每天下班回來，他都要撫抱牠們，親若家人，與之嬉弄逗玩。有一日公餘歸來，發現黃象不見影蹤，這下茲事體大，滿屋滿園子尋覓，急如星火，隔了好久，咪咪聲在門前台階響起，這才轉憂爲喜，這隻小動物足足讓大家忙了一整夜。他富於想像力，喜歡在想像中替一些親友各自取不同渾名。對於他是一種情趣，一種紓解，更是一種童心未泯的表現。於是我們家中常聽到「海軍」或「軍人」的呼聲，那是他給錢復取的代號，他希望這個幼子將來會當軍人，以報國恨家仇。

思亮先生每次來美，到達華府，必會約我們聚首。看著他日漸衰老，頭髮稀疏，面帶倦容，步履遲緩，心裡很不安，勸他減少些工作量，增多些悠閒時，他總說事情做不完，時間永遠不夠，停不下來。勞勞累累，他真是做到了「鞠躬盡瘁，死而後已」，這樣爲國爲民服務的公僕在國內能有幾人？世風混濁，尤覺清流可貴。

拉雜寫來，瑣碎不文，皆是往昔生活點滴，今日回味，彌覺親切、珍惜，謹以此奉獻思亮「大哥」，以誌感謝，永念不忘。

作者曾淑昭女士爲胡適先生哲嗣胡祖望之夫人

民國四十三年胡祖望先生三十五歲生日，中爲胡適先生，左一爲錢夫人，左二爲胡祖望先生，右一爲胡曾淑昭女士（胡祖望夫人），后排左一爲錢純，左三爲思亮先生，右一爲錢復。

追憶錢伯父

◎ 毛玲之

接到煦兄及匡姊來函，囑我寫篇文章作錢伯父百齡冥誕的紀念，使我立刻回憶起在1962年的冬天，我們全家住在台北溫州街台大教員宿舍，一個溫暖的早晨，忽然看到一對敦厚的長者，手裡拿著一個禮盒向我們走來；一看正是錢伯父、錢伯母。多年不見，他們還是和我在1951年離開台灣時的模樣，一點也沒改變，當時我的小孩子們看到禮盒歡叫，一定要打開看，錢伯母說：“這是送給他們過節的，我幫你們打開吧！”盒子一開，看到一棵彩色小小精緻的聖誕樹。按上開關，彩色小燈就閃閃不停，孩子們更加歡叫，使我們大家都非常高興。

記得初次我認識錢伯父、錢伯母時在1947年，在一次聚會中，碰到一對非常和氣的中年夫婦正在和先父談笑；先父指著我說：“她對有機化學有點問題，需要你的幫助。”錢伯父即說：“好辦，好辦。”後來我問先父，錢伯父是誰？他告訴我：“他是錢思亮，北京大學最有名的有機化學教授，他對教學和解釋最爲清楚。他不僅在學問上的成就，而且還是個有守有爲的正誠君子。”當時我是北京大學農學院學生，有機化學是農學院的必修科。但因農學院處在北京西郊羅道莊，可惜我不能親領錢伯父教學。

1949年的1月，在羅道莊的農學院已由中共的軍隊佔據，農學院學生紛紛逃到北京城裡，城中的北京大學亦已停頓了教學，不久先父和我亦隨錢家及其他教授家眷同機離開北京往南京。而後，我又承錢伯父和錢伯母的照顧之下和他們全家同船到台灣。

我離開台灣不久就聽說台灣大學傅斯年校長突然棄世。錢伯父即繼承台灣大學校長職務。是因爲他平日治事謹慎，勤勉的習慣，使他所接受的任務達到成就效果。此後的台灣大學蒸蒸日上，使無數青年學子得到一個進德修業的好地方，並且培養出來許多學者能在學術界傳聞。錢伯父在中央研究院的功職亦常聽到許多人稱讚，有口皆碑。

我認識錢伯父錢伯母，如今過去已有六十年，但是永遠記得他們是最仁慈、樂觀、助人的長者。從前見到他們的時候總感覺到如春風拂面，經過了許多年後，只要回憶起他們來，仍是溫暖如春。

作者毛玲之女士（翟振綱夫人）
爲毛子水教授之女

毛玲之與外孫

校長姑父

◎ 程光蘅

民國七十二年（一九八三）五月，伯岳張茲闓先生（內人張明鈺的伯父）在台北去世，那時三姑父錢思亮先生正在國外，他聞訊後立刻趕回台北，當他甫卸行裝趕去瞻仰伯岳的遺容時，我正好也在旁邊，看他那疲困哀傷的面容，一言不發的神態，我彷彿有一種不祥的預感！果不其然，沒過幾天他就住進了台大醫院，到了那年九月，他也隨著伯岳離開了塵世！

三姑父與伯岳是郎舅關係，伯岳年長，三姑父稱他爲「大哥」。他們當年是同船赴美留學，其後在事業上彼此互相扶持，在我看來，他們之間的感情賽過兄弟。不過，儘管三姑父當年留美的時間比伯岳長，學的又是科學（化學），但他並不比伯岳更

「西化」，而與伯岳同是秉持儒家的傳統爲人處世。也許正因爲我有此看法，所以我把他們於同一年內先後棄世，認爲是現代的伯牙與鍾子期的故事。

無論是一隻貓，思亮先生都是平等的對待。

儘管三姑父與伯岳都是秉持儒家的傳統爲人處世，但若要就他二人作一比較，其間還是略有不同。換句話說，他們除了儒家外，還受到先秦其他之諸子的影響。譬如就三姑父來說，他就秉有道家的異稟——物化。所謂「物化」，也就是平等看待所有與人類同時存在的生物，莊子把他做的蝴蝶夢，說成是「蝴蝶夢到我」，這是多麼尊重自然的物化思想！三姑父對於人生的處理，就像莊子一樣，無論是一隻貓，一朵花，他都是平等的對待，與之寄情共語，像這樣以道家「物化」爲基礎的儒家傳統，自與伯岳，乃至於其他人所秉持的儒家傳統有所不同。

有了物化的思想，行爲的表現是就是「無爲」。無爲不是說「什麽都不幹」，要不漢朝文景二帝的「無爲」後面怎麽還會有「而治」兩字？無爲，實在是指做事不招搖，不強調，不突出，如要把他換成儒家的說法，那就是「君子不器」。

君子不器的「器」，可以解釋爲「名器」，也可以說是「才器」。君子不器，並不是說君子不要名器，不要才器，而是說君子注重道德，在名器方面要得其所得，而在才器方面爲其所爲。譬如三姑父在台大校長任內，曾擔任過大專院校聯合招生委員會的主任委員，也曾輪值擔任副主任委員。在他擔任主任委員時，他不支領報酬，原因是他要爲同仁爭取福利，支領報酬便失去了爭取的立場。至他擔任副主任委員時，他也是「同仁」之一，於是他亦支領報酬。這一體例，充份說明了三姑父在取捨方面「無爲」與「不器」的道德標準。

除了在金錢方面他嚴守公私分際外，三姑父對其他事務的處理，也有一套原則與方法。譬如他在擔任台大校長時，青年救國團擬在台大公開徵收團員，三姑父以「要就全體加入，要就全體不加入，以免校園內形成對立」，爲由而婉拒。當時的青年救國團係由蔣經國先生負責，何以三姑父能有效婉拒？我的看法是：三姑父當時是秉持儒家的禮以「不突出」對「突出」，以「不強調」對「強調」，以「不招搖」對「招搖」。（此一事實若非我於此時「招搖」，恐怕永遠無人知曉）。

表面上看，三姑父行動緩慢，話很少，好像他很理性，而實際上他是位很有感情的教育家，我這樣說是因我原本是台大中文系畢業，拿的是三姑父頒發的畢業證書。後來我改習會計，並在大專院校授課，民國六十三年（一九七四）我任淡江銀行系系主任時，全國經濟會議在中央研究院召開，我奉邀出席。當我走到中央研究院大門口時，看見當時擔任院長的三姑父在門口歡迎所有的與會客人，他見到我，緊握我手連說「光蘅：歡迎！歡迎！」雖是兩句簡單的話，但我深深感到一種兼具「校長」與「三姑父」雙重感情的鼓舞，剎時覺得這位「校長姑父」特別偉大！

其實，三姑父對我還不能說是「話少」，記得他當時曾告訴我說，他小時候看到同輩的親戚有一輛自行車，他就說自己將來也要買一輛。此話被太夫人聽到，乃予嚴厲斥責，認他說此話係屬狂傲，而他自此以後就變成「寡言」了。這個故事在教育方面給了我兩點啟示：一是太夫人要求三姑父戒狂傲，極可能是錢府遠祖的遺傳基因，另一是小孩在小時候會說狂傲的話，長大了決不會是個「什麼都不幹」的人。

我的太岳張昭芹老先生曾對我說：你三姑父是「大智若愚」，三姑父是「大智」，我想很多人都同意這說法，因而大家都公認三姑父是與蔡元培，胡適之，傅斯年齊名的學者。但就三姑父本人的想法，他會自認爲與這三位先生齊名嗎？正因答案是否定的，所以太岳才會說出「若愚」兩字，所以三姑父才會「名之所至，未聞有謗」，所以三姑父的次公子錢煦兄才會說：「父親！您是完人」！

作者爲思亮先生之內姪婿
畢業於台大中文系（民國四十一年）

憶最敬愛的三姑夫
錢故校長思亮

◎ 張初熙

錢校長是我三姑夫，一九三一年自清華畢業後，坐船赴美國伊利諾大學深造，那年正好先父張茲闓去紐約大學商業管理學院進修，二人同行，船上另有吳大猷等人。我在一九八〇年返台時，尚在家中看見一張同船幾位留學生合照的相片，可惜照片已不在手邊。先父返國後在北平就業，三姑夫在伊利諾大學拿到博士學位後，返北平任教北大，在北平時，我們二家同住的二年，我那時還小已不大記得了，一九四五年抗戰勝利後，先父一人在十月左右赴上海，就住在院長家，次年六月先母帶我們去上海，二家住一處至八月底，三姑夫返北大教書，三姑和三位表兄弟也重回北平居住。一九四九年一月，他們一家自北平經上海到

台北，當時台大沒有空宿舍，三姑夫一家分住我家和傅校長家，這是我們第三次同住。

一九八三年五月初三姑夫赴歐美考察，當時先父已住台大醫院，我也返台伺奉。院長行前到醫院看先父，沒想到那是他們二人最後一次見面。五月十五日三姑夫在伊利諾大學領榮譽博士學位，我因在台未能赴會。外子虞華年及幾位IBM同事、伊大及台大畢業的朋友方復、劉兆寧、哥大教授周元桑院士均自紐約赴Urbana參與盛會。五月底我返美時，經舊金山曾與舍弟張彭往旅舍去看三姑夫，九月初我與外子返台，三姑夫已住台大醫院，我在醫院看他時還曾談笑約半小時，沒想到返美後不及二週就聽見三姑夫仙逝了。

在台大幾年，常有機會去福州街校長家，三姑夫平時雖不大說話，但常會出人意料的說些對事很有風趣的看法，他是我最尊敬及愛慕的長輩。

作者爲思亮先生内姪女，虞華年院士夫人
畢業於台大經濟系（民國四十一年）

我永遠的三姑丈

◎ 張彥

抗戰勝利後第二年，我隨先慈從重慶飛上海，住進峨眉月路一幢兩層樓的大宅，那時三姑全家與我們同住。到後不久，見到一位戴眼鏡、看起來很年輕，但頭髮已經開始稀落的長者，用十分親切並緩慢的語調，向我這個剛滿十歲的男孩，說了些歡迎之類的話。這就是我第一次見到三姑丈時，得到的印象。

不久以後，三姑丈便帶著大、二表哥赴北平，就任北大教職。我再見到他老人家，已是三年後。兩家爲避難，退居台北，唯先嚴因公務仍滯留上海。當年由大陸赴台人數過衆，居房成爲大問題。他們剛到時，三姑丈、三姑及大表哥、二表哥暫住台大傅校長家，三表哥和我們同住。晚間三姑丈及三姑多半來我家吃

民國四十二年攝於台北市福州街二十號
前坐（左起）：錢夫人、思亮先生、陳劍琴、張茲闓夫人及先生、張昭芹先生、張茲闓先生及夫人、鄧宗培先生及夫人、張娟莊
後立（左起）：錢復、張彥、錢純、張彭、錢煦、鄧瑞瑜、張明鈺、鄧瑞東、鄧琦
前坐草地（左起）：鄧琰、鄧斿、鄧淦

飯。飯後因天熱，常在前院乘涼閒談。三姑丈知道我是個影迷，並已偶爾寫些影劇消息往報社投稿。他便告訴我他當年在美國唸書時，也常看電影，並且是琴逑羅吉絲（Ginger Rogers）的粉絲，有部她的有名影片、曾連看三場。他對三〇年代電影明星之熟悉，令我驚訝折服，也讓我這初出茅廬的影迷，長了不少見識。可惜這段令我十分懷念的日子，便因數月後三姑丈分配到青田街的台大宿舍而終止。

隨後，我跟著先嚴先慈遠赴菲律賓。回台灣後唸高二，功課開始繁重，三姑丈已任台大校長，僅在家宴的的場合中，我方能會見到他，一九五四年我考進台大化學系，但當時三姑丈在系內已不開課，令我失去受教於他老人家的機會，是件十分遺憾的事。一九六〇年我獲得李氏獎學金來美進修，並結業於伊利諾州大學。三姑丈是伊大化學系的傑出校友，在六〇年代，三姑丈曾訪問過香檳城，並拜會伊大校長，我有幸作陪。可惜的是一九八三年伊大授三姑丈榮譽博士學位時，我因公務纏身，未能親往參與盛典。但我選擇化學系及伊大，實受三姑丈的影響。

回顧往事，三姑丈與先嚴的情誼，應超乎一般的妻兄妹婿之情。先嚴在世時曾告訴我，當年他們同船赴美就讀，不幸遇到三〇年代初期美國股市崩潰，許多銀行倒閉。先嚴因得庚子賠款資助，未遇存款凍結之難，能助三姑丈作短暫的應急。在上世紀的後半期，家兄姊及我已遠居美國，先嚴先慈在台確有孤寂之情，幸得三姑丈及其他親友的悉心照應，助他們頤養天年。因而在我的記憶中，三姑丈是位和藹可親的長者，也是位情重義深的性情中人，在我的心目中，他老人家是我永遠的三姑丈。

作者爲思亮先生內姪
畢業於台大化學系（民國四十七年）

懷念錢校長

◎ 胡匡九　蔣明秋

錢校長是我們姐夫（錢煦）的父親，每次他來美考察，如經洛杉磯，都很客氣的打電話給我們問好，我們每次都請他來家中便飯，大概在1970年時，我們就請了許多朋友(有些是台大校友)來我們家與他餐敘，他親切的問起台大校友在洛城情況，並關心他們的生活和就業情形。當時在場有幾十位校友，這可能就是台大校友會成立前的非正式的聚會，次年台大校友會就正式在洛城成立。

錢校長對我們小輩非常客氣，平易近人，且很禮遇，對校友更親切問候他們的工作情形和近況，大家也像對大家長一樣尊敬，親切交換意見和問候。

我們有這樣美好的相聚很多年，直至錢校長不再來洛城，我們對他十分懷念，也很珍惜與他相聚時的美好時光和他給我們寶貴的教誨。

作者胡匡九爲錢煦夫人胡匡政之弟
蔣明秋爲胡匡九夫人

家　人

懷念父親

寫在父親百年冥誕

◎ 錢純

中華民國九十七年（二〇〇八年），農曆正月初九是父親百年冥誕日。父親卅八年初來台後，歷任台大校長近二十年，中央研究院院長十三年，對我國高等教育的發展，和學術研究水準的提高，均有卓越的貢獻，素爲世人所熟知。

父親七十二年九月十五日逝世，迄今已近四分之一世紀。我們弟兄三人亦均年逾古稀。得機會相聚一堂，總不免緬懷先人遺澤，而傷感歲月流逝，但自身對社會的貢獻卻難符父親的期望。

父親畢生致力於教育和學術事業，真可說是桃李滿天下。凡是曾經親炙教誨的學生，都稱譽他是一位難得的好老師。父親並不是一位善於言辭的人，且可以說是一位沉默寡言的人，在宴會

民國四十七年思亮先生與錢純、程琪攝於美國明尼蘇達

上如不是主人或主賓，時常會終席無一詞。可是在講堂上卻是口齒清晰，深入淺出地仔細講解，同時絕不賣弄任何與課程無關的言辭。我的大學生活雖然都是在父親任教或主持的學校度過；但是由於所學不同，只有在初入北京大學時，聽過他老人家一小時的課。那是在大一時對文法科新生所作的化學入門簡介，聽他娓娓道來，使我幾乎發生了轉系的念頭，也印証了許多學長讚譽父親善於講課的事實。

我常常想父親在教育上最成功的地方恐怕是身教重於言教了。他在準備功課上的教學表現，在課堂中的沒有一句言不及義的話語，以及許倬雲兄在追悼文中所提及的每次上課必定在上課鈴響前三分鐘到達課堂門前等候的一絲不苟和守時精神，使得他的學生們從他身上所學到的，可能遠比課堂上的傳經授道更宏大。所以他老人家真可以稱得上是經師、也是人師。父親對我們兄弟的管教也可以說是完全表現在身教上。父親是一位非常嚴肅的人，雖然有高度的幽默感，但平時卻不苟言笑。在我們的求學階段，很少過問我們的課業，在家中也沒有特別教過我們數理化或國英文。因爲父親認爲讀書應該自動自發，勉強是沒有用的。我們在家中看到父親經常手不釋卷，研究進取，在不知不覺中已被潛移默化，而能自己用功讀書了。倒是母親經常注意我們的學習進度，如果在成績單上有那一們功課表現不佳，必定嚴予訓斥，接著又勉勵我們應該力爭上游，不可自暴自棄。父親唯一的一次直接指導我學習的方向，是在我初入大學時。雖然這件事距今已逾六十年，可是我還是記得非常清楚。民國卅五年冬，有一天父親對我說你已經是大學生了，我要瞭解你的國英文程度，吩咐我寫一篇國文作文和一篇英文作文。寫完後，父親邊看邊皺眉，半天不發一語。最後他才說「你是學文法科的，語文對你來說，比學理工科的人更重要。而現在你的文字卻不如我，這是不行的，今後你要努力學習國文和英文，必須將來要寫的比我好才行。」當時我口中雖然應著說「是」，可是心中實在非常惶恐，覺得這是辦不到的事。不過我一直把父親的這番教訓牢記在心，一直朝改進寫作能力的方向邁進。今天我還能粗通文字，還能應付工作上的所需，實在應該感激當年父親的教誨。不過引以爲憾的是無法達成父親的心願。多年前我曾和父親的摯友，也是我的老長官李芑均先生談起這一段往事，芑均先生一直搖頭說：「那是不可能的，那是不可能的。」

左至右：思亮先生、程琪、錢夫人、錢純
前立：美明（左）、婉孫（右）

父親的個性是非常謙和有禮的。他從不愛搶鏡頭，在團體攝影中總是喜歡站在後列，參加各項典禮，除非座位是先已排定，也從不願意坐在前排。參加會議絕不搶著發言，擔任會議主席必然讓參加人士都能充分表達意見。父親在作任何決定前都喜歡集思廣益，絕不獨斷獨行。有時言語無味的訪客來見，所談內容十分空洞。父親總是正襟端坐，注意聆聽，決不會有不耐煩的表情。就是對方說的十分牽強，他也不會中途予以制止，總要等說到一個段落後，再來委婉解釋。這決不是一個沒有極大修養者所能辦到的。我常常檢討自己，認爲自己能親炙父親的身教，可說十分幸運，但卻無法力行，想來真是不勝惶恐，頗有古人所謂「不肖」的罪咎之感。

父親逝世後，許多生前摯友和學術界人士都撰文追悼。例如台大教授鄭騫先生以「盛德君子表其爲人」「清慎勤明狀其治事」作爲父親「一生行誼寫照」，可說是最貼切的描繪。台大教授先生毛子水先生寫的是「我生平心中最尊敬的師長如蔡孑民（元培）先生、胡適之先生表率一代，俯仰無愧，而朋友中如傅孟真（斯年）和（錢）思亮都能繼承志業，發揚光大，使我們教育和文化的措施，不見鄙於世界有識的人士。」點出了幸而中華民國過去有這幾位學者的畢生努力，才不致使我國被國際學術界視爲文化沙漠。余英時院士認爲，父親「生前對國內學術界的影響十分深遠，而其在各國學術界之備受重視，顯示他是自胡適博士以後最受尊重的我國學者。」

我想最能說明父親一生心路歷程的，還是吳大猷先生的看法。吳先生爲人公正嚴明、個性率真，素爲世人所共知，據其自言「從來未稱讚過任何人，因我有我的標準。而我是說不出不是我真心的話的。」在他爲父親寫的追悼文中說「從在學生時期始，他便不是一個華而不實，或時下膚淺之輩所譽爲才子型的人。他在台大、中研院卅餘年期中，信守學術尊嚴的基本原則，處事絲毫不苟，不屈於外力。他從不倡時髦而膚淺之議，取寵於衆；從不冒充內行；他處人公平不苟，從來不營私植黨；不阿諛、不邀功。這些都是帶了不字的消極性的特質，但如我們以此衡時人，便可發現這正是時人所缺少的特性。」我常常在想正是因爲時人缺乏這些帶了不字的特性，才使國內無論是政治、經濟、教育和社會各方面，都是問題重重，亂象叢生。可是我也想到在台灣目前這樣的社會中，如果不譁衆取寵（甚至於妖言惑衆），不冒充內行，不營私植黨，不邀功，不要說不能選上任何大小公職，甚至於在求職時都會碰壁。如果一個社會中，多數人能修身養性，培植出具有這些帶有不字的特性，則社會必能維持和諧穩定，國家可逐漸向前發展。否則妄想長治久安，只有俟河之清了。

永遠的懷念

◎ 錢程琪

時光飛逝，爸爸離開我們已將近廿五年，可是我們對他懷念之情卻絲毫沒有減退。

記得民國四十五年爸爸曾到明尼蘇達州，明尼亞波斯市來看訪外子和我以及尚未滿週歲的美明，外子當時在明大進修，當他到校上課時，爸爸和我有機會聊天，閒話家常，說東談西，他卻絲毫沒有我想像中的沉默寡言，我們談了許多，大部份是聽他講，他無論談起任何事情，都敘述的清清楚楚，他慢慢講，從頭到尾，把它的來龍去脈、前因後果講解的一清二楚，有時還加以評論，真是又生動又有趣，我聽的出神了，不但對該事有完全的瞭解，並且對爸爸這種敘述的本領感到非常的欽佩。

思亮先生與長媳程琪

有一天，爸爸提議我們去百貨公司逛逛，我就推了美明的小車陪他去當地最大的公司Dayton，進去後爸爸非常感興趣，我們從一樓開始，走過每一個專櫃都要看一下，有時還作討論和比較，他還選購了些禮物回國送人。看完一樓，同樣地再去看二樓、三樓，沒有漏過一個專櫃，我怕爸累了，問他是否要回去，他卻說:「我們四樓五樓還沒有去呀」，可見他的興致與耐力。

爸爸每次出門總要給我們帶些禮物，他送我的多數是衣料，並且一定由他親自挑選，他的鑑賞和審美力極強，拿到他挑選的衣料時，如獲至寶，做成套裝，百穿不厭，還經常得到友人讚賞。

爸爸在家時，每天早晨都要去後院散步，美明和婉孫小時也喜歡在院子裡操兵，每當爺爺散步時，她們就跟在後面，美明自封爲總司令，婉孫則被姊姊指派爲副總司令，後面跟著一群雞和貓，場面壯觀和熱鬧。爸爸對動物非常寵愛，每逢年節，爸決不允許殺自家飼養的雞隻，他喜愛的一隻暹羅貓病逝，爸還特別請人將它製成標本留存。

寫這篇紀念文正是民國96年農曆中秋節，邊寫邊望著窗外又大又圓的月亮，更增強對爸娘的懷念，又有無限的傷感，真是「抬頭望明月，低頭思爹娘」。

父親，您是完人

◎ 錢煦

戊子年正月初九（西曆二〇〇八年二月十五日）是父親百年冥壽。在慶賀這一個重要的日子的時候，引起了我無限的追念。父母親對我一生影響最大，首先沒有父母我不會生在世上。他們先天給了我和兄弟們的基因，使我們承受他們的智慧和能力，後天教養我們如何處世、做事、對人。父親極少用言詞訓教我們，他一生奉獻教育，對年青學子都是用身教爲主。我們很幸運有他爲父親，他幾十年來的身教，使我們受益終生。

從我有記憶、開始懂事起，所知父親的一生行事，無論大小，全以正直、公平、寬恕、忠誠爲原則。父親一生爲人，有儒家的各種美德。我特別要提的是他的認真、有恆、堅忍、儉樸、謙恭和好學。他是我心目中的完人。

真誠勤儉·公正堅毅

父親對人謙恭真誠。即使對下屬晚輩，亦虛懷若谷，尊重他人意見。父親的謙虛勤儉，大概很受幼年家教的影響，他常對我們說祖父母對他管教很嚴。父親小時候有一次在街上看見一個青年騎一輛新自行車經過；他說：我將來長大也要買這樣一輛車。祖母認爲小孩不應有這種奢想，給予嚴重訓斥。父親一生不求奢華、生活簡樸，給我們極好的榜樣。

父親在家對兒輩、在外對朋友、同事、學生，一概以公平爲主。處事依理判斷，從不偏袒。並且總是爲每位當事人設身處地來考慮，以得公正處理。父親律己極嚴，待人卻寬。學生屬下，犯有過錯，他總是先假定並非有意，並且以寬恕同情爲出發點，誠懇討論教導，使人辨明是非，瞭解改過。

父親極有恆心，極有耐心。這大概與他小時患骨髓炎臥床很久有關。他告訴我那時病情很嚴重、傷口很久不收，一根筷子可以從左腳的內側通過到外側。醫生曾建議將腿鋸去，但祖母反對。後來幸終於痊愈，但他左腿比右腿短一寸餘。休養期間、在家請老師補習，進小學上課時、插班在三年級。父親回去上學後，覺得因腳病臥床，未有運動機會，特別努力鍛煉，參與踢足球。因爲他堅定的毅力，終能克服困難，奔馳球場。我至今仍記得在小學時，父親帶我們兄弟去公園踢小皮球的樂趣。

嚴謹周詳·慈父恩師

父親忠於國家、忠於職守。教育青年學子、領導學術研究。不論講堂授課，主持聯考，召開會議，建設院校，均必事先作周

民國六十七年七月錢煦第一次參加中央研究院院士會議後與父親在墾丁公園攝影

密籌劃，考慮詳盡，所以他做事總顯得輕而易舉、事半功倍。父親處事的認真態度與科學精神，在他日常生活中就可以看到。當在家中重新安排家俱之前，他都先用硬紙板照比例剪好，然後在圖上試放多種可能，才實地去搬，這樣一次就會順利完成。父親每次出國開會旅行、總先寫一張須帶物件的清單，並計畫在旅行箱內如何安放每一份文件、衣服、禮物，把有限的空間、作最有效的應用。父親晚年遵醫囑散步，極有恆心。每次且必須默念捻指記錄步數，然後換算成里距。雖然身上佩带計步表，但他認爲儀器可能有誤差、必須直接按步計算查驗才可靠。他有病吃藥時，也極科學化。如果醫生說每四小時吃一次，他一定開了鬧鐘，半夜起來按時服下、從不疏忽有誤。

我在國立北京大學醫預科讀書時，定性分析化學是必修科之一，那時父親是北大化學系主任，教這門課。記得在一九四七年第一次上父親的課，我起初很覺緊張。父親用很容易明瞭的譬方，講解複雜的原理，由淺入深、引人入勝。幾分鐘後，我便已全神貫注、浸潤在他的講課中，原來的緊張心理、煙消雲散。我從一九五七年起、在紐約哥倫比亞大學生理系開始教課，就遵照父親的教學方法，在解釋困難課業時、也學父親用淺近實際的例子來打譬方，因此學生就很容易領悟。這半世紀來從事教育青年學子、真是人生樂事。追因探源、真要感謝父親在教室裡和在日常生活中給我的典範和訓教。一九八三年、次女美恩進了哥倫比亞大學醫學院攻讀。當我那年教第一堂循環生理課、進入教室時，看到美恩和其他一百多位同學坐在教室裡、感覺到一種難以形容的喜悅。立即使我回憶到三十六年前、我在北大上父親定性分析課的景況，才使我真正體會到他那時的心情。這是我有下一代以後更了解感謝父母給我們的愛護養育的一個例子。現在美儀、美恩都各有三個可愛的女兒，她們都說做了母親後、更能深深感覺父母對她們的愛護教養，這也正是我心中對我父母所要說的話。

言少情長・幽默博愛

父親一般不多說話。宴會時席位通常排在外賓女主客之旁。某次宴會中、母親提醒父親應陪女主客多談些。父親說：“我們已經談了不少，該說的話都說完了。”父親和母親個性不同。母親極爲健談、性格外向。二位相敬相愛，相輔相成。母親早父親七年去世，父親親寫行述，深更執筆，情見於詞。

父親在台大校長任內，每次典禮演講都精賅簡短，同學們最爲欣賞。每年運動會在操場上舉行，父親總是先說：“各位同學，今天天氣很好。”，[註：如果天氣不好，運動會也就開不成了。] 同學們都認爲很有趣。一九八三年六月，父親在紐約開院士座談會後、參加台大同學會歡宴，那天風和日麗，氣候特佳。他在席上說：“我以前常說今天天氣很好。”大家哄堂大笑。父親再說：“可是今天天氣實在太好了，不能不說。”大家更是大笑。

父親雖然說話不多，但其內心誠意、盡表達在不言中。他從不對兒孫學生作長篇大論的訓誡，但是作爲他的兒孫，作爲他的學生，我們都深切瞭解他爲人的原則，處世的態度。他不必說話，我們自然知道何是何非，何去何從。現在我每遇到困難不易解決的情況，便停下來想，如果父親在這種情況下會如何處理。一有此答案，我便會自反而不縮，照這方向坦然做去。疑難困擾的事，都可迎刃而解。我有父親做榜樣、做典範，一生能做成的任何一件事，都有他的影響。但是「取法於上，僅得爲中」，我現在深深了解這句話的真諦。

一九八一年五月、我倖獲歐洲臨床血液流變學會的首屆法瑞烏斯獎。同年八月我和匡政回台北參加會議，那年正是我們五十歲、也是我們結婚即將二十五載；父親非常高興，一定要給我們寫一張字、並自己做詩。父親雖然學的是化學，但他的文學基礎極好。雖多年未涉及詩詞書法，提筆就用優美的書法寫下一首最珍貴的詩（見右圖）：

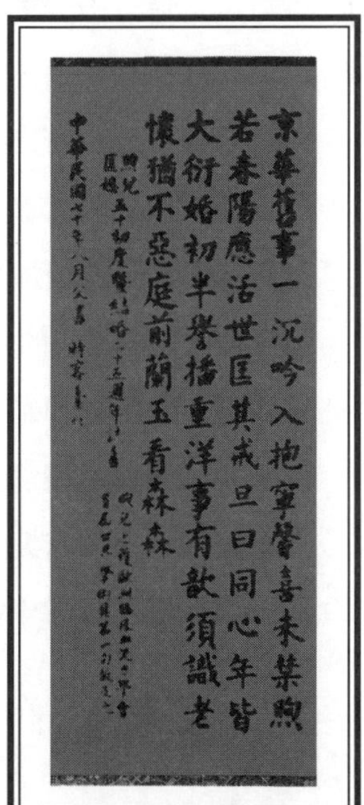

京華舊事一沈吟　入抱寧馨喜未盡
煦若春陽應活世　匡其戒旦曰同心
年皆大衍婚初半　譽播重洋事有歆
須識老懷猶不惡　庭前蘭玉看森森

現在二十六多年後、我還可以清晰地看到父親在寫這首詩時喜悅的神情。他最後兩句，表示他對兒輩的滿意（雖然我們「僅得爲中」），使我們感到無限的欣慰。

父親給人一般的印象是嚴肅謹慎，但他亦極幽默有趣，感情豐富。他幼年求學時，最會替同學取外號。他不但給全班同學每人一個外號；而且幾乎每週還要重新改換。一九八三年六月在紐約台大同學宴會上歡迎同學返國服務，或至少返校參觀。他說：“國內各方面進步很快，如果二、三年不回去，就變化很多；如果二、三十年沒有回去過，都不會認識了。但是台大的杜鵑花仍是開的像以前一樣鮮艷，台大傳園仍是一樣令人留連。各位出國多年，可能在夢中夢見過台大的杜鵑花，夢見過在傳園散步的情趣。希望各位能回來，舊夢重溫。”在座同學，聽後無不動容。

公私分明・謙恭好學

父親處理任何一事，必遵照法規。尤其對公私之分、最爲明確。在台灣大學校長及中央研究院院長任內，所住房屋的冷暖氣電費、依規章由公家支付。因此父親對家中開用冷氣或暖氣，限制極嚴。他說因係公家出錢，必須特別儉省。我小時常認爲父親對公私劃分，有時未免太清楚了。以後長大才瞭解，如果不嚴格分清，以後界限就會越來越模糊，問題亦會因而產生。父親對錢財的處理、更是極爲分明。不但他絕對不會動用任何公款;他從來不用可以自由支用的主管特別辦公費，而把這筆錢作爲補助他辦公室內同仁之用。因爲他覺得他們待遇不夠，這是這筆款項最好的用途。父親自奉極儉，幾無消費。每月薪金、除自己理髮外，全交給母親。但當時薪資有限、也只能勉强應付家用所需。父親工作一生，任主管三十餘年，因其廉潔助人，雖極簡樸，亦從未置產。一九四九年共軍在北京圍城時，國民政府派了兩架飛機來接教授南下，父母親能在當天、毅然決定帶我們兄弟三人在砲火中起飛到南京，然後轉到台灣，沒有家產之累、可以說是萬幸。

父親常說隨時隨地都是學習機會。在學校讀書，不論老師好壞，都可以學到知識。老師好，固然容易學；老師不好，也應該可以學。他舉他在中學讀書時爲例。他最記得的老師是最好的和最差的：一位數學老師教得最好，引起他對數學很高的興趣；一位化學老師教得最不行，每天上課只是照着教科書念，父親覺得毫無意味。因此他化學習題從來不做，上課也常不去。因爲父親在校中是極好的學生，這位老師對他如此表現特別不滿，就說錢某人即使大考滿分，也不給予及格。父親說他開始着急，也覺得自己不對。一方面努力去念化學教科書，從頭到尾，仔細研讀，把習題也補做交出；一方面寫信給這位老師道歉。到大考時，父親已把化學讀得精通貫徹，大考果然滿分，老師也就取消原意。父親中學畢業報考大學時，覺得他自己對化學瞭解最深、興趣亦最濃，就選爲主科，因而奠定他一生科學研究教學的方向。究其根源，父親說還是要感謝這位教得不好的老師。他說這件事給我們聽，有很多涵意：第一點便是不論環境條件如何不好、也應盡量努力上進，遇到不好的人或事、也總有好的一面，後果如何，全是事在人爲。此外亦是告訴我們凡事不可任性而爲；而且做錯了事，知過應勇於改正。

父親在清華大學化學系畢業後，去美國伊利諾大學研讀有機化學、在二年八個月內就得到博士學位。他熱愛他的母校和老師，常常和我們談到清華的高崇熙教授和伊利諾的Roger Adams教授等各位老師。父親在伊利諾大學研究院攻讀時，常在週末到一家電影院連看三場同樣的電影（只須買票入場一次），他主要不是去欣賞電影、而是用這機會學習英文會話。一九八三年在父親畢業五十年時，伊利諾大學頒給父親榮譽博士學位。母校對他一生對傑出學術貢獻的讚譽認可，是一極大盛事，我們都去參加這珍貴的慶典、歡欣慶祝。

父親在一九七〇年任中央研究院院長。每兩年一次的院士選舉，他盡力做到公平公正，爲國家選出最好的人才。一九七二年王世濬院士（我在哥倫比亞大學的老師，也是父親小學同學）請幾位院士共同提我爲院士。父親聽說後，認爲在他院長任內提我

↓中央研究院第十三次院士會議錢煦（第三排左四）第一次參加

（中央研究院近代史研究所提供）

不合宜，立即把他們勸阻。王院士兩年後又要提名，再度被父親阻止。到一九七六年、王院士說他不管一切、一定要提名，請父親迴避。結果我被高票選上（見圖院士大合照）。我對父親的慎重考量、避親不舉，極爲敬佩感激。因爲如果早些年萬一選上，外界一定難免有些批評、會說是因爲父親做院長才選上的。我在一九七六年選爲院士後，不但沒有微詞，很多報紙都以父子同爲院士、寫爲美談。

與世無爭·清心寡欲·真誠助人

我從父親學到公私分明的重要，也學到任何事情都有正負兩面。如上所述:沒有產業，可以有更多的活動性、更多的選擇。老師不好，也可以學到很多知識、甚至決定一生事業方向。不應該得的獎譽，不但不應該去争取、應該像不義之財一樣的避開。用這樣的看法，人生就容易滿足快樂。西諺說：半杯水可以看爲半滿、也可以看爲半空。我從父親那裡學到總把它看爲半滿、甚至於更滿。

父親一生處人處事，寧可人負我，不可我負人。從來不用心機、不作計較。所以每分每刻、隨時隨地，他的心境一定是永遠安樂平靜、有如止水。雖然他不屬任何宗教，但卻做到了宗教中最高的境界：道教的與世無爭、佛教的清心寡欲、基督教的真誠助人。

父親是他兒孫輩嚴祥慈藹的爸爸和爺爺；親朋們真誠平易的戚友；學生們萬世師表的尊長；他是世界上一位罕有的完人。

父親一向教導我們謙恭，不對人誇揚自己或家人。可是我要說一句我心中的話。我說這話時，沒有任何猶豫，也沒有絲毫傲意。我要每一個人聽見：“父親，您是一位完人。”

父親百年冥壽

◎ 錢胡匡政

我和錢煦結婚之後，就開始稱錢校長爲“爸”、稱呼母親爲“娘”；現在寫文章時，便將稱呼寫爲父親、母親。父母親給我們的愛護和恩典是我們永遠銘記在心、不會忘懷的，而且是永遠報答不完的。

我在一九四九年考進台大醫學院，那是七年制醫科的第一班，要修普通化學、分析化學、及有機化學。在有機化學開始時、我不能了解：碳原子的四價、相同的結構，會有“左旋”、“右旋”的區別。我去傍聽了一課父親的課，他在課堂上，用原子結構的模型講解碳原子左旋、右旋的基本原理。他講話清楚、快慢合適、由淺入深。使我在不知不覺中，自然就聽懂、瞭解了。這真是諄諄善誘。之後父親做了校長、就沒有再開課了。我真高興曾經上過父親的課。父親是一位單純簡樸的長者，在全校集會時、學生們最喜歡錢校長的訓話：簡單、明確、懇切。

當我在台大做學生時，那時有的同學是家庭生活富裕，有父母的；也有許多隻身來台的學生，沒有足夠的家庭溫暖、關懷及支助、缺乏精神上的鼓勵、等等。有的青年學子容易衝動、唱反調；有的在戀愛上起煩惱，消極起來；有的鬧學生運動。記得父親愛護青年學子，要他們“先把書唸好，再去管課外的閒事”。就是這樣一句勸說，有多少同學就定下心來讀書了。並且認識要充實自己，要有自立自強的理想和目標。他們不僅沒有走錯方向，而且許多位在畢業後都有創造性的成就。這都是父親在默默耕耘中培育出的人才。

民國五十五年攝於美國新澤西州錢煦家
左起：錢美儀、胡匡政、思亮先生、錢煦、錢美恩

父親在小學的時候，因爲腿疾，在家休息了三個月，好了之後他最喜歡的運動是踢足球。有一段時候他給全班同學都取了外號，而且每個星期還換新的外號，他在班上很活躍，跟同學處得融洽。

記得在台北家中有兩隻貓，是父親喜愛的波斯貓，叫做“大貓咪”和“小貓咪”。小貓咪也僅只比大貓咪瘦一點，我們都分不出來。

父親喜歡吃五花三層的紅燒肉，不要加其他的蔬菜，如蘿蔔，冬筍之類的蔬菜進去，以免會沖淡了肉的美味。

父母相愛情深，母親是父親的最愛。他們相敬相愛，互相的深切默許，是我們生活的典範。父親在高中時結婚，那時還不到十九歲，母親小一歲。結婚後第二年哥哥(錢純)出生。父親大學畢業那年錢煦出生。那時煦尚未滿月，父親就得遠行進修；父親只用兩年八個月就得到博士學位、完成學業，他立刻返國，在北大任教。一年多後復弟出生。父親有時講到國外讀書時的情景，記得他說當年週末時去看電影，一連看三遍，直到聽懂，如此來練習英文聽力。

煦和我倆結婚後，定居在美。父親當年在美求學時的一位好同學，Dr. Hanford已是一個大藥廠的董事長了，Hanford先生夫婦請父親去他家，也帶著我們全家去了幾次。父親出國考察時，公差完畢總是盡量來看我們，那時孩子小，我沒有上班，我常陪父親出去買東西：記得父親每次一定先選禮物給母親。之後，再照單子購買一些必需送人的禮物，最後再買些自己的必需之內衣、背心及襪子等等。記得給母親的禮物常常是一個皮包，多是黑色的、精緻的、入時的，又大方好看、又經用，大小配合母親的身材。皮包內有許多分格，且有幾個有拉鏈；有的外面還多一個開口袋，可以放手帕那等些東西，容易取出來用。父親細心地選擇，有興緻地在選，仔細地選。我在一旁看著，深深體會到父母的相愛，真是體貼到無微不至；令人稱羨且要去學！

“相敬如賓”是父親做證婚人時的講話重點。家兄胡匡瑞是父親給證婚的，二十年後家兄的長子胡應昌結婚又請到父親給證婚，他們都做到相敬如賓，有相親相愛的婚姻。

母親身體較弱，最後的數年，飯後常要呼吸些氧氣才會舒服一些。後來越來越需要氧氣，她是十分辛苦。真不知如何能分擔一些她的辛苦。有時靜坐在她旁邊，陪著她。有一天母親說：“我不怕離開這世界，只是捨不得離開你們大家，更不放心的是父親。”在此百年冥壽，祝壽之時，父母已同在天堂，他們永遠在我們的心中！那就是永生吧！

永恆的懷念

◎ 錢復

父親離開我們快二十四年了，在這漫長的日子，玲玲和我常有獨處的時間，而我們最常說的話是假如父親還在，會怎麼樣。例如兒輩或孫輩有好的表現，我們一定會說：如果父親在會有多高興。反之在電視上看到社會的一些亂象或教育方面的某些問題，我們一定會說：父親如果在會十分生氣。

的確，父親對我們的影響是非常大的。我很幸運在婚後仍能和父母一起居住，所以雖然三兄弟中，我最年幼，但是卻和父親有四十五年的共處，而二位兄長可能還不到一半。玲玲也和父親有近二十年的共處。所以我們閒下來常常會談起他老人家。

我在近距離觀察父親，雖然不敢說他是「完人」，但是他的確是一位規行矩步的君子人。他長年主持國立台灣大學，校內的教授很多是他的前輩，也有是大師級的，他們對於父親的評語是廉能公正。父親的廉潔是大家有口皆碑的。他對於物質享受要求極低。一套西裝可以連續穿一、兩個月；衣櫃中也沒有幾件衣服。吃的方面，只要有一塊五花肉他就很滿足了。住是公家宿舍，從不要求整修或增加配件。行是公家配的車輛一定要到使用期限屆滿才能更換。

父親口袋中經常沒有帶錢，當時還沒有信用卡，他所以不帶錢是因爲沒有花錢的習慣。如果有聚餐或類似的活動需要用錢，母親會在他出門前將需要的款項放在他的皮包內。

現在很熱門的話題是首長特別費，父親曾擔任三十三年的首長，雖然特別費的半數可以簽領據取得現鈔，他從未如此作過。所有的特別費都留在台灣大學或中央研究院的會計單位，供公務使用。家中任何用途都不能向會計單位報銷。

父親任事以勤，我不敢說他的能力有多強，但是他確實服膺「勤能補拙」的古訓。他工作時間極長，而且無論在台大或中研院，任何同事要看他，他一定將手中的公文放下，認真親切的聽取訪客的意見。所以他晚間回家經常是幾大包公文帶回家，一吃完晚飯就在書房內認真的批閱。當年我在外交部和新聞局工作，公文量也極大。常常看到午夜，再去他的書房看，他仍在批公文。我就報告：時間已晚，可否先去休息。他總是笑著說，我就完事了，不要擔心，你先去睡。父親的治事以勤，大概我可以作最佳的見證。

至於說公正，父親實在是沒有絲毫的私心。他對同仁總是儘量發覺他們的長處，充分給他們機會。他在任何一個地方工作，絕對沒有私人。任何一位同事對他都是十分重要的。所以他在學

民國六十五年攝於台北福州街二十六號，思亮先生（左二）與（左至右）錢復、錢純、錢煦

術界工作這麼多年，沒有派系沒有班底。三十多年來只有一位那廉君秘書始終跟隨他。那先生也是一位無私無我的長者，所以他和父親配合的極好，一切是秉公辦理。如果說父親有一點不公正，可能是在家中，六個孫輩中，他對長孫女美明和唯一的孫子國維是比較疼愛的多些。如果他一個人在家，就會叫這二個小孩的小名；有時候大家都在家時，他也會同樣的叫。不過其他四位孫女，祖父對她們也是極愛的。每逢小朋友過生日，祖父一定親自在紅封袋上書寫祝詞。在他十分忙碌的公務生涯中，從未忽略任何一位孫輩。

玲玲常和我談到，如果父親仍然健在，看到十四個曾孫男女一定會笑的十分開心；可惜他（她）們都是在父親去世後才出生。二位兄長和我有機會都常向他（她）們講述父親生前的種種工作方法和作人態度，希望對小朋友們有所助益。

左至右：錢田玲玲、錢思亮、錢復

父親是一位智慧極高，頭腦清晰，年輕時講課甚受學生喜愛的學者。然而，在基本上他是不喜交際，不慣逞口舌之快的人。在晚年他講話很慢，可能受高血壓的影響。所幸在他任職台大和中研院時立法院教育委員會的委員多數仍是第一屆資深委員，其中很多都是教育界出身，對於父親的理念還能認同；因此每年在學校或機關預算審查時，常常能很迅速的過關。我在民國六十一年任職行政院新聞局時，每會期也要到立法院教育委員會報告，託父親的庇廕，這些委員都對我極爲鼓勵；每次去報告回來，我都覺得受教良多，而各位委員對父親的讚譽，更使我倍感光榮。

父親一向對媒體是敬而遠之，從不爲自己作任何宣揚。不過各新聞單位的文教記者對於台大或中研院都甚感興趣，常希望從父親那裡得到消息。有時在情不可卻的狀況下，父親也會和他們談談。記得早年的文教記者中，如中央日報的王理璜女士、新生報的呂一銘先生等，都是學有專精，很有經驗的資深記者，所提的問題頗爲深入，父親也會仔細的說明，慢慢的這些媒體人士都成爲他的朋友。

我常想：父親實在是有福氣的人，如果他今天仍在台大或中研院服務，去立法院極可能受到無禮的待遇；而媒體方面一些「無厘頭」的問題，一定也會使他有無從答覆之感。

這次我們兄弟爲父親百年冥誕徵文，只限於少數較爲熟稔的長輩或朋友。但是發函後得到很熱烈的回應。尤其難能可貴的是北大若干前輩，有的是父親故友的夫人，有的是父親曾教過的學生紛紛賜贈鴻文，實在使我們深深感動。父親在天之靈對於大家的追念一定十分感激。

懷念與追思

◎ 錢田玲玲

自從中學時代就景仰學者校長——錢思亮先生。民國四十五年考進政大西語系而錯失做台大學生的機會。但是在校際活動中仍常能親炙錢校長的風采。七年後有緣與外子錢復結爲連理，而且有幸陪侍翁姑，分別相聚近二十年及十二年半。在日常生活中耳濡目染，深受二位長輩在爲人處世各方面的感召，終身受益，感念至今。

先姑因健康欠佳，最後三年經常進出台大醫院接受治療。在家中亦需使用氧氣。先翁十分內斂，但是關懷憂心之情常會自然流露。每憶及暖暖冬陽的假日午后，就讀小學的國維和美端與爺爺輕鬆逗趣的對話、童言童語、笑聲連連，陪伴著在病榻上休養的奶奶，我總會默默的祈求「奶奶快點好起來！」

錢思亮與錢田玲玲

婆母最後住院五個多月，先翁每天下班一定到病房陪伴。看到二老似有「情話」要訴，我都即刻躲開。伉儷情深令人感動。

先翁溫文儒雅，待人親切有禮。在家居生活言談中總是「那先生（那廉君秘書）」、「沙小姐（沙依仁秘書）」、「剛伯先生（沈剛伯教授）」。從未連名帶姓直呼其名，展現對同仁朋友的尊敬與禮貌。真是最好的身教典範。

先翁公私分明、守法守分。住在職務宿舍，僅客、餐廳及書房的簡樸傢俱爲公家提供，臥室內床俱燈飾都自行購置。每年報稅前，他老人家必將資料分類備妥，用算盤計算無誤，連可免報的微薄車馬費亦不遺漏。

先翁是位謹守禮教的長者。每當需要借用我們房間書架上的參考書時，必會敲門知會，非常尊重兒輩的家居生活。

先翁在台大師生的眼中是位木訥寡言的好教授、好校長。由於學生人數衆多、校務繁重，他老人家和學生直接接觸的機會似乎不多，但是對學生的關切愛護卻是默默的持續不斷。每學期都有無數個週末，他老人家在家中客廳約見「有困難、有問題、需要特別關心的同學」，長談之後，他的學生們都滿懷感激的離去。他給予學生的愛確實不少於他的兒孫。每年無以計數的謝師宴，他老人家總是紅光滿面、笑容可掬的回到家中，訴說著對學生們的不捨及祝福。

先翁姑雖然很遺憾沒有女兒，但是對二位嫂嫂及我卻是疼惜如女。記得先翁到歐洲參加國際會議，自己省吃儉用，爲先姑選紀念品，也一定爲我們各選一份，兒子們則「從缺」了。

幸運的，做爲么兒、媳的我們在民國七十二年三月獲得父親的墨寶鼓勵，是我們此生最珍貴的禮物。敬謹抄錄於後：

漫說城南尺五天　　試啼英物雜喧闐
憶從鳴鴈歸妻日　　對撫新雛覺汝賢
童子豈因人熱者　　強年未必惑存焉
眼前家國艱難甚　　珍重星軺到九邊

復兒啣新命偕玲媳赴美今年國曆三月三十一日適值農曆二月十七日爲兒四十八歲生日九月二十二日又逢結婚二十週年吉辰老懷滋慰寫貽一律誌喜且以相勗第五句用范仲淹語

七十二年三月思亮書於台北

每當我們在書房細讀這「傳家之寶」時，內心都充滿感恩與懷念。

先翁服務於台大及中央研究院期間，由於公務繁忙、缺少運動，引發血壓高及糖尿病，除控制飲食外尚需長期服藥。遵照醫師們的建議，每天需散步快走。有一次星期假日，爺爺在日式宿舍的庭院中散步運動，尾隨在後的有美明、婉孫、國維及步履尚不穩當的小孫女美端，浩浩蕩蕩。調皮的孫子發號司令，爺爺笑得合不攏嘴。這幅天倫之樂的畫面深植我心、永難忘懷。如今，連同美儀、美恩六個孫子女都已擁有快樂美滿的家庭，並在工作崗位上各有發展，而且可以告慰兩位老人家的是十四位曾孫們都聰穎健康。曾祖父母永遠是大家敬愛學習的典範。

民國七十一年思亮先生與錢復、田玲玲、國維、美端攝於台北

追念祖父

◎ 錢美明

轉眼，爺爺離開我們已近25年。在這段不算短的日子中，每逢遇到新認識的長輩或朋友，經過介紹知道我是爺爺的孫女後，無人不推崇爺爺的爲人處事；認爲他老人家爲人謙和寬厚，真誠正直，清廉儉樸，奉公守法和公正無私。由於愛屋及烏，無形之中拉近了我和新朋友間的距離。也使我很快能融入新環境中。爺爺所遺留給我們的資産，豈是金錢可衡量的?

記得小時候，我和妹妹最期盼週末的到來，因爲那是父母帶我們去探望爺爺奶奶的日子。午飯後我們在院內用報紙和樹枝做風箏；將吃剩的水果核埋於土中，天真的期待下個週末能長出果樹；並在院中打棒球，騎腳踏車。爺爺總是微笑的看著我們嬉鬧，有時我跑過他老人家跟前，他會和藹地拍拍我的頭（他稱之爲「打銅頭」）。爺爺是一位含蓄的長者，這就是一種他表達關愛的方式。爺爺也重視我們的休閒活動。當爺爺擔任台大校長時，每年學校校慶，校園內舉辦園遊會，爺爺經常帶我去參加。爺爺生肖屬猴，而我也在猴年出生。當年爺爺和同屬猴的朋友們，常在一起慶生，稱之爲「猴會」，也經常帶著我這小猴參加。記得有一年是在石門水庫附近舉行，當時我年紀小，經過一晚的玩耍，回程車上，早已體力不支。於是將頭放在奶奶雙腿上，雙腳則置於爺爺腿上，橫躺於後座車中，一路呼呼大睡到台北。回想起當時情景，是多麼幸福呀！真感謝爺爺奶奶給予我們歡樂的童年，以及無盡的愛。

長大以後出國唸書，每當爺爺因公事出差，經過美國舊金山時，我和外子吉人，必定前往接機，並至他老人家下榻旅館相聚，享受天倫之樂。爺爺非常講究禮數及關愛部屬，每回出國，於返國前必定親自到百貨公司，逐一替親友、同事們選購紀念品。陪著爺爺逛街，也讓我們覺得樂趣無窮。看著他老人家不耐其煩，選擇適合每人的小禮物，真是感動。記得民國72年爺爺最後一次到舊金山，於他老人家臨上飛機前，還愛憐地拍拍我的頭，摸摸我戴在頸上的項鍊，滿眼充滿慈祥之光。沒想到那竟是我最後一次見到爺爺，至今他老人家仍鮮明的活在我心中。

爺爺晚年，由父親陪著他老人家同住。爺爺過世後，我和吉人返台奔喪，得以住在爺爺生前的臥室內。覩物思親，更增加對他老人家的思念。整理爺爺臥房書桌時，驚訝發現爺爺對奶奶的

民國五十三年攝於台北寓所，思亮先生夫人及孫女美明（左）、婉孫（右）

深情。書桌抽屜內，整齊保存奶奶生前所寫的書法，奶奶娟秀的字跡，陪伴爺爺無數歲月，伉儷情深，令人感動。還有所有過期的護照，按年份先後完整排列，爺爺的念舊，顯而可見。在爺爺所有遺物中，除了一系列相片外，我還選擇兩條爺爺生前所用的浴巾，留做紀念。浴巾因多年使用，以致襯邊破裂，於是請裁縫重新縫整過後，至今仍陪伴著我。另一項我最珍惜的是，爺爺於我和吉人結婚前夕，親手書寫的賀聯。內容是：「春入蒼顏一笑溫，喜傳佳信到吾門，書來乃祖身矜健，詩付僊儔願夙敦，世有齊眉原篤敬，天留老眼看孫曾，飛槎佇待迎秋爽，家醞新藏合細論。」每每思及他老人家當時以近75之高齡，費時數週才完成，心中甚是不忍。近日望著爺爺蒼勁有力的筆法，使我興起學習書法之念。至今不過數月，已深切體會個中奧妙。練習書法能讓人心平氣和，拋開煩惱，進入海闊天空的新境界，並進而達到修身養性的目標。

民國七十二年攝於舊金山旅次
（右前美明，後劉吉人）

此文寫於爺爺百歲冥誕前，正值中秋時分。每逢佳節倍思親，此時此刻更增添我對爺爺的思念。爺爺對孫輩的愛，將永伴我一生。

錢美明是思亮先生長子錢純之長女

永遠的爺爺

◎ 錢婉孫

當姊姊來電話告訴我大家將爲爺爺的百歲冥誕出紀念集時，才驚覺轉眼間爺爺過世已廿四年了。我也從當年的大學生蛻變成爲人妻、爲人母的中年婦人。雖然時光飛逝，但我始終覺得他老人家依然時時在我們四周諄諄教誨－爺爺的爲人操守，處事態度一直都深植於我們的心中，並且永遠的督促著我們。

公正公平，清廉謙和

爺爺是位仁慈的長者及公正的長官。對待部屬能察納佳言，賞罰分明；對於工作是克盡職責，一絲不苟；而公家發給他中研

民國五十七年攝於台北福州街二十號
坐：思亮先生夫人
後立：錢純、婉孫
前蹲：國維（左）、美端（右）

院院長任內的特支費，也分文不取。此外爺爺亦極重視禮節。雖然生性不善言辭，但出席任何場合必定親和地與每一位來賓握手，對人的謙恭真誠可見一般。說到爺爺處理公文，必定字字推敲審閱，鉅細靡遺，鞠躬盡瘁，常常批閱至夜深。奶奶當年在世時甚是於心不忍，不禁嘴裡喃喃……每天清早出門起碼五個批妥的公事包，而傍晚回家也還帶四五個待批閱的公事包，連休閒的時間都沒有了！

規律守時，科學方法

爺爺很重視規律的生活，無論起居、飲食、甚至運動、吃藥都有一定的時間。散步是爺爺最重要的運動，為了要達到每日當走六千三百步之醫囑，爺爺除了於腰際掛上「計步錶」，還要用心算步數，並將心算之數分段紀錄在紙上，然後運用數學公式導出的答案，來與計步錶上的數字相對照，以吻合應走的步數。我問爺爺爲何要如此的費神費事，一個計步錶應已足敷需求？他老人家答道：任何一個計數器都可能有誤差的存在，因而必需加上人爲的校正方能夠得到一個真正無誤的答案，令我啞口無言。除此之外，爺爺的守時習慣也是令人讚服的，不但與人約會一定守時，就連生病吃藥的時間也不能延誤。奶奶曾告訴過我們 一件趣事：爲遵醫囑每四小時吃藥一次，爺爺甚且於睡前撥妥鬧鐘，好讓自己能在半夜裡起床「按時服藥」呢！爺爺是化學博士，因此凡事幾乎都用科學方法，就連散步與吃藥也不例外。

祖孫情深，親自頒獎

我的名字「婉孫」是由爺爺親自取的。因爲奶奶的名字婉度有一「婉」字；外婆的名字婉君亦有一「婉」字，我是孫輩，故取名婉孫以爲紀念奶奶與外婆。記得我還在念北一女中的時候，因爲求好心切，用功過度而累倒了身體，百病叢生。爺爺愛孫心切，好不著急，除了於百忙之中特地抽空帶我去看醫生之外，並再三叮嚀我要處之泰然，不要太緊張。結果幾週過後，他老人家發現我仍爲了保持第一而患得患失，健康也沒見好轉。最後爺爺只好給我下達一個哀的美敦書－規定我下次成績只許退步，不許進步，而且如果退步，他將親自頒發一個「退步獎」給我以資鼓勵呢！爺爺與晚輩們之間感情的深厚，由這則小故事便可看出來了。

高風亮節，精神長存

爺爺爲人正直，凡事不喜歡麻煩別人。能夠自己動手處理的事情決不委託他人，也從不苛求別人，誠是「嚴以待己寬以待人」的最佳典範。他老人家高風亮節、清廉謙和的精神將會永遠的活在我們心中，並將永遠成爲後生晚輩瞻仰仿效的楷模。我這一輩子都會以身爲爺爺的孫女而深深感到無比的榮耀!

錢婉孫是思亮先生長子錢純之次女

我的爺爺

◎ 錢美儀

我的祖父是一位最正直的人、一位偉大的科學家、和一位國家所信賴的最卓越研究機構的領導人。他給祖母美好的一生，他們一同給他們三個兒子最好的教養。在這書內，別位會詳細敘述祖父很多方面的卓越成就。我所要說的是我個人的回憶。

我們孫輩稱他爺爺（親熱稱呼的聲音是“訝雅”），有時就稱他爺（“訝”）。我和妹妹很小的時候，就見到爺爺，那時他五十多歲，但已有糖尿病。每次爺爺來美國住在家裡，媽媽總會買各種代糖食物、如餅乾等等。爺爺有一個記步表，他每天都虔誠地照他計劃走幾千步。爺爺一條腿比另一條短些，所以他走路時腳步微跛。他不多話，當他說話時，他說得很慢、很當心。他從不慌忙。他是一個非常有條理、有規律的人，極配合是一位偉大的科學家。他冬天來訪的時候常戴一頂棕色禮帽。我記得他經常穿帶背心的整套西裝，往往是深色的。

爺爺最喜歡看的電視節目是Jeopardy（危機：一個常識問答比賽節目，也是我一直最喜歡看的）。我們常在下午一同在新澤西家中看。爺爺坐在一個舒適的沙發椅上。我和妹妹在旁邊地毯上邊玩邊看。爺爺常會小打瞌睡，有時也會發些鼾聲。可是如果我們把電視關掉時，他就會坐起來、要我們再打開，因爲他還在看。

我們有幾次到台北福州街二十六號爺爺奶奶家，爺爺常會在飯桌上說些有趣的故事。這時我可以看到爲什麼大家讚譽他的機智、和他在學生時代爲何能極聰明地開人玩笑。

在爺爺過世前兩年，他到波士頓參加會議，那時我在近郊哈佛大學讀書。父母親安排我去見爺爺（那時他已七十多歲）。那天非常之冷，我的先生藍布許（Len Busch，那時是我的男朋友）開車帶我進城。停車後我們牽手走過了冰雪掩蓋的街道，到爺爺住的旅館（大概是Park Plaza）。那時我心裏很緊張，因爲這將是我第一次帶Len去見我的爺爺（我們的大家長）；而且我才發現我從未在沒有其他家人同在的時侯與爺爺相聚。我們會談些什麼？爺爺會怎樣想？我該說什麼？我們在旅館大廳打電話給爺爺說我們已到了，在大廳等他。爺爺出了電梯，我就上前給他一個大大的擁抱（實際上，這種見面擁抱的舉止，是我母親家人會做的，而不是我父親家人做的）。我介紹Len見爺爺。爺爺開始用拐杖了，他真是一位典型的紳士君子；與Len握手，並稱他爲Mr. Busch。爺爺對我們小輩很尊重，但事實上是應該我們尊敬他。

民國五十一年攝於美國新澤西州錢煦家
思亮先生及夫人、胡匡政抱錢美恩、錢煦，前坐爲錢美儀

我們在旅館的咖啡廳喝下午茶，我和Len還吃了甜點蛋糕（我記得Len吃了兩塊），爺爺喝了一杯茶（咖啡廳沒有用代糖做的蛋糕）。我們談了很多事，包括我和Len主修的經濟課程等等。當我們告別時，我發現實在我沒有理由爲見爺爺這件事担憂。爺爺從來不對我們作任何批判。他一般都會讚同我們的做事爲人，也許因爲我們都以他爲典範而努力上進。現在回想起來，對我能和Len有機會見到爺爺、共聚歡談，真是非常感恩。

我希望我們的下代們能有幸學到爺爺的正直人品和工作倫理。他是一位被大家愛護和尊敬的長者。爲人能到他的地步、真是登峰造極、無可再求了。

錢美儀是思亮先生次子錢煦之長女

我的爺爺

◎ 錢美恩

我的祖父（我們稱他爺爺*）是一位極有智慧、遠見、和領導能力的偉大人物。這些卓越的品質，明晳地顯示在他多方面的傑出成就（包括台灣大學、中央研究院、和整個學術界）。我所要說的是我個人記憶中的爺爺：從我還是一個小女孩時、他來美國開會住在我們新澤西州家起，一直到我後來在耶魯大學讀書時、得到獎學金到台北做暑期研究、住在爺爺奶奶家，這些都是我美好的回憶。

我的爺爺是一位最慈祥、和藹、認真、有耐心、極有學者風範的人。我記得姊姊和我小的時候，爺爺和我們坐在長沙發上一同看

*音如"訝雅"。

電視。我們都會渴望等待爺爺最喜歡的常識問答比賽節目Jeopardy（危機）的開始。爺爺常會比在電視上與賽者更快、先說出正確的答案；我最愛看到他那時臉上喜悅的表情。有時爺爺似乎稍打瞌睡（像很多祖父一樣），但當問題出現時，他還是會立刻給出正確的答案。爺爺真是一位熱愛知識的人。

我最喜歡的有爺爺在內的像片，是一張在我們新澤西州家門前冬天所照的（見圖）。爺爺喜悅地站在門前被雪蓋滿的台階上，我在他一邊、姊姊在另一邊。我倆都穿戴著防寒的厚雪襖和毛圍巾。我想我最喜歡那張像片的原因，是它使我回憶到爺爺帶給在他身邊的人特別安全和平靜的感覺，他臉上的慈祥表情和他內心的滿足愉快。

民國五十二年攝於美國新澤西州錢煦家門口，中爲思亮先生與錢美恩（先生之左）和錢美儀（先生之右）。

當我去台北的那個暑期，爺爺對定期運動和控制飲食的自律持恒，給我極深的印象。他每天一定要走三千步。因爲夏天外面太熱，他在客廳邊的走廊上來回往返、用手指計步數。我常在客廳看書或與堂弟妹們談天，但我們都很當心不能打斷爺爺的專心指計步數。有時我們中午吃餃子，爺爺總是很仔細地數他吃了多少個，從不超過他應吃的數目。這些都顯示他自律嚴謹，是我們晚輩跟不上的。雖然爺爺是因爲有糖尿病，而特別注重他的運動和飲食，但我相信這正是他慎重精確的本性。這對他在化學及事業上的成就，一定是一個重要的因素。

由於爺爺謙虛的性格，我的記憶中他就是我的祖父、平易近人，而沒有把他當爲一位著名人物。我很感謝在學術界認識他的前輩們所寫的回憶，使我更了解爺爺一生光輝燦爛的事業、傑出卓越的貢獻。上面所寫我記憶中爺爺的優異可貴的性格特點，也正是和他的朋友、同事和學生們所說的相吻合。爺爺留下的珍貴遺跡，不僅是難以置信的學術成就，還有他三個兒子在不同領域中出類拔萃的貢獻。我覺得萬分幸運能是爺爺的後裔，使我引以爲傲、引以爲榮。

錢美恩是思亮先生次子錢煦之次女

分分秒秒的教育家

◎ 錢國維

眾人皆知，祖父思亮先生是位重要的教育家；但是或許只有我最清楚，祖父分分秒秒、時時刻刻都是一位教育家。

從小我就和祖父共用一間臥室，從福州街二十號的台大校長宿舍，到福州街二十六號，我們祖孫兩人是天天在一起的，直到我十七歲赴美留學爲止，因此我與祖父十分熟悉、親暱。

現在的青少年也許會感到訝異，怎麼可能跟爺爺住在一起，時時刻刻受到管制？但是十七年來，我不曾有過那種感覺。祖父是一個溫和有修養的人，無論小時候我怎樣調皮，他都不罵一句。和他相處其實十分自然，沒有壓力。

祖父不僅對我如此，對其他人亦然。傷人的話，他從不忍心說出口。有時候我對同學心存埋怨，一大堆刻薄話想說，但是一見到祖父，難聽話通通吞了回去。因爲我知道他不願意聽，也不願意見我齜牙咧嘴；所以心中的戾氣，到了他身邊自然就化解了。

我努力回想他最不高興的時候，頂多是皺著眉頭不說話罷了；不過當他如此時，已經夠讓旁人心裡難受、後悔。有一次我聽人形容，在祖父身邊有一種「如沐春風」的感覺，我突然體會到這四個字的真正意思。像祖父這樣，分分秒秒以教育家風範自處的人，誰到了他身邊都會自發收斂、內省，不忍心讓他失望。這是一個真正的教育家。

很多人知道祖父是位偉大的教育家，但是他也是獲得庚子賠款留學獎金的化學家。

祖父做事很有條理，任何事情都做足準備，從不慌亂，我稱之爲「科學家精神」。如果說我因爲長孫的身分而受到什麼獨門教誨，我想就是這個。

民國七十二年思亮先生與錢國維
攝於美國華盛頓市

民國六十三年攝於台北福州街二十六號
坐（左起）錢美端、思亮先生及夫人、錢國維、田玲玲
立（左起）錢美恩、錢美儀、錢婉孫、錢美明

我印象最深的是，因爲祖父常出遠門，抽屜裡就準備了一張行李清單，每次出門都照單打理。藥丸、襯衫、眼鏡、書本，一件一件清清楚楚，從不錯亂短少，回來了行李箱還跟出門時一樣整齊。

隨著年紀漸長，我也開始擔任管理職務；雜沓瑣事煩心時，就想起那個行李清單，先做什麼，再做什麼，怎樣才不會遺漏，一件一件來。我不允許自己慌亂無措（事實上也不能），所以隨身一定帶著一枝筆、一張紙，想到了什麼就記下來，像是製作行李清單一樣，我總希望能像祖父，有條有理，整整齊齊。

有人形容祖父的風格是「無爲而治」。當我擔任管理職務多年之後，深刻感受到「無爲」不易，能「治」更難。領導著台灣大學、中央研究院這樣龐大而重要的組織，不強力干預卻能維持組織的蓬勃生機，我不明白他怎能還保持溫和修養與做事秩序，但這也正是他最了不起的地方。

祖父逝世二十四年多了，台大把理學院大樓命名爲「思亮館」，中央研究院把化學所大樓命名爲「錢思亮紀念館」，現在大家又爲他老人家籌畫紀念文集。一直有人懷念他，不曾忘記他。

我很榮幸能夠和這樣偉大的教育家同住十七年，珍貴時光點滴在心；也很榮幸能和大家一起，懷念我的祖父思亮先生。

錢國維是思亮先生幼子錢復之子

永懷爺爺

◎ 錢美端

我的爺爺錢思亮先生逝世已二十四年了！回想起近四分之一世紀前，我很幸運的能和他老人家共同生活了十六年。在這段朝夕相處的日子裡，爺爺的待人接物、應對進退給年幼的我樹立了最佳的典範。

在我的眼中，爺爺爲人公正不阿、擇善固執，凡事都講求原則，絕不做違背自己良心的事。爺爺做事不急不徐、慢條斯理；但是他認真專注的態度和有條不紊的方法，在我心中留下了深刻的印象。此外，爺爺做事講求事必躬親，同時兼俱備鉅細靡遺的特色，因此，再細小的事物，都逃不過他的法眼。到現在我都記得爺爺在擔任中央研究院院長一職 時，他老人家常常在下班後，把當天未批閱完畢的公文，裝成厚重的一大袋，請司機伯伯帶回家中的書房。這樣，爺爺才能利用晚上在家的時間，認真地把白天未完成的公務處理完畢。

就像傳統的中國文人一般，爺爺不擅於以口頭上的言詞來表達他對下一代的愛。即使他從未對我說過像「我愛你！」這類的話，我也能深刻地感受到爺爺對我無止盡的愛。我從十歲開始學鋼琴，而鋼琴就放在爺爺書房的一角。每天晚飯後，我總要花上至少四十分鐘練琴。如此一來，往往影響到爺爺使用書房批閱公文的時間。可是，多少年來，他老人家不曾因此而有所埋怨。印象中，每當我向爺爺報告練琴完畢，他老人家總是微笑地對我點點頭，甚至關心我練琴的時間是否充足！此外，我從小體弱多病，在我上小學期間，平均每週要請一天病假。長期缺課，嚴重的影響到我的課業，更使得我的成績總是差強人意，無法和名列前茅的哥哥相比。沒想到，身為曾經擔任十九年台大校長的爺爺，從不因此責怪我的成績不佳；他老人家只是告訴我：「凡事盡全力去做就好！」同時，爺爺也不忘提醒家母：「我們要培養身心健康的孩子，成績差一點也沒關係！」事隔三十多年，每當我憶及爺爺當年對我的慈愛和用心良苦，再想

(左起) 錢美端、思亮先生、錢國維

民國六十五年攝於台北福州街二十六號
思亮先生(坐)與（由左至右）田玲玲、錢國維、錢復、錢美端、錢婉孫、錢純、錢煦、錢美儀、胡匡政、錢美恩

到爺爺教我「有了健康的身體，才能走更長遠的路！」我總是忍不住熱淚盈眶，並且深深地佩服爺爺的高瞻遠矚。

學術教育的恢弘理念，使得爺爺特別尊崇儒家對人格品德的陶冶和潛移默化的影響。爺爺在日常生活中，每每以身作則，給下一代樹立最佳的學習典範。我現在也像爺爺一樣，有三個孩子要教養。但我常常自忖，要如何像當年爺爺一般，把一些珍貴而美好的事物，承傳給我的孩子們。而我的三個孩子從我身上學到最多的，就是熱愛閱讀。從他（她）們個個對課外書籍著迷到廢寢忘食的地步，讓我不由得感覺到：或許，這就是我回報爺爺對我多年身教的最佳方式吧！

今年適逢爺爺的百歲冥誕，謹以此文來紀念兒時和爺爺相處的點點滴滴。這篇文章，不只讓我重溫記憶中爺爺對我的慈愛和教誨，它更慎重地表達了我對爺爺的孺愛和思念！

錢美端是思亮先生幼子錢復之女

無赫赫之功的善戰者
錢思亮

民國三十七年，傅斯年校長於風雲動亂中來到了當時學潮未平，百事待舉的台大；一年九個月後，在傅校長以迅雷颳風勵精圖治的作風，使台大正步入軌道時，傅校長卻溘然與世長辭了。於是民國四十年三月遂成爲另一個新局面的開始：錢思亮校長接替了傅校長的遺缺，迄至民國五十九年五月。

錢校長是一位平易篤實，中庸不偏的學者。幼年時腿骨折斷，臥床不能行動，直至九歲方開始「就讀家塾」。但這不良於行的缺憾以及比人晚的起步並沒有影響他讀書求進的心理。在自學英文奮力考上南開初中後，更將讀書外大部分的時間在運動上，終鍛鍊出了一副強健的體魄。錢校長治學態度嚴謹，在清華大學化學系求學時「上課聽講，一定記筆記，下課後翻檢參考書，將筆記仔細加以整理，經過修改後謄正。每一個化學課程，我都是如此。」

民國五十年，思亮先生主校十周年，与台大醫學院附設醫院同仁合影
前排左二起：高天成院長、錢夫人、思亮先生、魏火曜院長、邱仕榮院長
（國立台灣大學提供）

錢校長的作風平和，校長秘書那廉君先生認爲「和傅校長急而且快的脾氣相較，錢校長是要緩和多了，做事慢條斯理，從來也沒有急如星火的時候。」生活簡易樸素；任內校長室沒有增添一件新家具，沒有移動一次辦公桌；唯一僅爲了便於向來訪的外賓解說而添置了一幅學校平面圖。凡事以學校師生的利益爲前提，只要事情合理，必盡力促成。能察納雅言，從善如流；十九年間事事必先經由全校會議後方公布實施，並不曾任用一個私人。韓忠謨教授說：「在擔任訓導長的四年間，與錢校長共事時印象最深刻的，是其爲人公正，做事確實，勤勞負責的態度。」沈剛伯教授也說：「錢校長給我印象最深的是他平易篤實，中庸不偏的言行與作風。」這兩句話，的確是錢校長主持校務時的寫照。

錢校長在工作上採「只對事不對人」以及「不以言舉人，不以人廢言」的開明作風。「尊重別人」與「民主」是其處世態度的特色。對學生尤其和氣，任何時間都不會拒絕學生的來訪，有時甚至與學生一同進餐。正由於錢校長的尊重愛護學生，所以才會有「一晚連趕三個謝師宴，結果回家才吃晚飯」的軼事發生。那時候有一項不成文的慣例，「只要在校成績平均七十五分以上，而要求校長寫推薦信的，校長是沒有不答應的。」

雖然學的是科學，錢校長對平劇倒是相當喜愛，學校裡但有平劇公演總不放過。不過由於公務太忙，外面職業性的演出，反倒沒法觀賞。公餘之暇，校長還練字，臨的是柳帖。每次有人要求題字，總試寫多次，徵詢他人意見後才謹慎落筆，正可見其恭讓的學者態度。此外，錢校長還兼任台大的免費建築師，十九年任期內，不但每一幢新建築物的藍圖皆審視再三，化學館甚至可說是他一手設計出來的，目的在希望學校裡每一幢建築物都美觀而實用。「以前校長還偶爾抽點雪茄、喝點酒，在遵照醫囑戒菸戒酒後，校長可說是沒有什麼嗜好，真正是以校爲務，以校爲家了。」

錢校長認爲，大學教育的理想目標有二「一是教育學生，使他們有專門的技能、健康的身體，和高尚的道德，可以成爲良好的公民，能夠擔負起應負的責任。另一則是讓從事研究工作的，不論教授、副教授、講師、助教或研究生，能夠有良好的學術貢獻。」本著這兩個原則，台大在錢校長十九年餘任內，大學部增加十六個組六個系，研究院增加了十七個研究所，學生人數由三千躍至九千；學校行政趨制度化；校舍、宿舍及圖書儀器均大量增加，例如體育館及學生活動中心都是當時興建起來的。此外一方面輔助教職員出國進修及延攬國外優良教授，以充實本校師資；一方面與政府機關，國外大學及世界性文教機構作學術交換及技術合作，奠定了台大在國內及國際的學術地位。

更重要的是，由於他本人的開明態度與民主作風，在長時間的薰陶下，引發了台大優良的校風——崇尚獨立自由思考精神的學術風氣。在他篤實寬和的精神感召下，同學都能自動向學，「當世界其他大學紛紛鬧學潮之際，台大依然能保持入軌後的平順寧靜」，穩健的繼續發展。

左語有謂「善戰者無赫赫之功」。「學的是化學」的錢校長，是一位很少爲文，也很少真正演講的大學校長。他本著科學家篤實力行的精神，以平穩而不間斷的步伐，把台大帶上光明坦途，正是一位無赫赫之功的「善戰者」。

【原文刊載於《台大青年》78期：頁140（民國66年12月）。「影響台大歷史人物（上）」，製作策劃：梅家玲、雷倩、陳文宗、宮守業。】

民國人物小傳

錢思亮(1908–1983)

◎ 關志昌

錢思亮，字惠疇，浙江杭縣人，清光緒三十四年（一九〇八年，此據文化服務社「自由中國名人傳」〔編者按：台灣中華書局「當代名人錄」（一）頁一八四作生於民前四年即一九〇八年一月九日〕；歿後新聞報導作生於一九〇七年一月）生於河南新野（或作者淅川）。民國八年九月，入北京第二十五初等小學三年級。七年四月，改入天津私立第一小學。八年九月，入北京高等師範學校附屬高等小學。十一年六月，高小畢業；九月，入天津南開中學。十六年六月，中學畢業；九月，入清華大學化學系。二十年六月，獲清華大學理學士學位；九月，與吳大猷、內兄張茲闓（丈人張昭芹，二十九年任第七戰區司令長官部

〔司令長官余漢謀〕同陸軍少將秘書長）由滬同船赴美，以庚款入伊利諾州香檳城伊利諾大學化學系攻讀。二十一年六月，獲伊大理學碩士學位。二十三年六月，以畢業論文「具有旋光性之雙輪基質變爲不旋光體之速度」獲伊大哲學博士學位，在美時被舉爲「Phi Beta Kappa名譽會」會員；八月，離美返國，任北京大學化學系教授，講授普通化學。

二十六年七月，抗戰軍興；八月，日本憲兵進入北大；十月，北大淪入日偽之手；冬，任長沙臨時大學（由北大、清華、南開三校組成）工學院化工學系教授。二十七年二月，臨時大學開始遷往昆明；四月，臨時大學於遷至昆明後，正式更名爲國立西南聯合大學（簡稱「西南聯大」），理、工兩學院借昆華農校、昆華工校、昆華師範、昆華中學及拓東路迤西會館、全蜀會館、江西會館上課，稱爲「西南聯大」本校，任化學系教授，講授有機化學。二十九年，聞老父在上海爲敵偽刺死，間關返滬奔喪（此據吳大猷「念錢思亮兄」：「一九四〇年思亮的尊翁在滬爲敵偽刺死，思亮去滬奔喪。」霞關會「現代中國名人辭典」以錢於一九三四至一九四〇年任北大教授；毛子水「錢思亮院長哀詞」作：「於二十七年春在昆明成立國立西南聯合大學，……那年暑假中思亮因家事離校回滬」兩說互歧）事畢，以交通阻塞，迄未返昆，在上海任化學藥物研究所研究員。

三十四年八月，抗戰勝利，任經濟部化學工業處處長。三十五年秋，北大返平復校，即離滬北上，復任北大教授，後兼化學系主任。三十八年一月八日，偕夫人婉度，三子純（其後任中央銀行副總裁）、煦（其後任美國哥倫比亞大學教授）、復（其後任中美事務協調委員會駐北美代表）與毛子水（準）一家同機由危城北平飛往南京（此據毛子水「錢思亮院長哀詞」；那廉君「哀悼錢思亮先生」作三十七年冬），台灣大學（前身爲日據時代之「台北帝國大學」，簡稱「台北帝大」，創於一九二八年三月）校長傅斯年（孟真，三十七年十二月行政院通過由傅斯年繼莊長恭任台大校長）邀錢思亮至台大任教，錢答允至滬一行後赴台，二十日，傅斯年就台大校長職，由錢思亮以教授兼教務長，並一度代理理學院院長，傅校長倚爲左右手，嘗致友人書云：「思亮兄真幫了我的忙，他是同事中幫我忙最多的一人！」三十九年十一月，奉派代表台大出席在巴黎舉行之「國際大學校長會議」，會議期間，美國哥倫比亞大學願與台大合作，允派醫學教授二人，改良台灣醫學教育；十二月二十日，傅斯年去世，年五十五歲（一八九六——一九五〇），由文學院院長沈剛伯代行校長職務，二十一日，任「傅斯年先生治喪委員會」委員（主任委員陳誠）。四十年二月，以胡適（適之）鄭重推薦，行政院（院長陳誠）會議決議任錢思亮爲台大校長；三月，宣誓就職；同年任「中國化學協會」會長、「中國科學振興協會」理事長。四十一年四月，張茲闓繼鄭道儒爲經濟部長；十一月，電邀胡適至台大講學；十二月，與陳雪屏陪同胡適南下參觀訪問。四十二年一月，將總統邀宴胡適、錢思亮等十餘人，對諸教授生活近況，多所垂詢，同月胡適離台返美。四十三年一月，與黃國書、方治（希孔）飛往南韓，代表「中華民國各界援助留韓反共義士委員會」迎接反共義士返國；二月，一萬四千六百餘名反共義士宣誓效忠，並簽訂「反共救國公約」，同月前台灣省政府主席吳國楨（峙之）發表「上國民大會書」，各方咸表憤慨，台大全體教授閱後，特發表意見，斥吳「以現任閣員身份，居然攻擊政府，發表似是而非的言論，對於自由中國極盡挑撥誣衊的能事，我們對其個人品格，實有絕大懷疑」，錢思亮署名其上；三月，蔣總統明令撤免吳國楨行政院（院長陳誠）政務委員職務，同月中國國民黨中央執行委員會決議開除吳國楨黨籍；十月，任中央、故宮兩博物院共同理事會第三屆理事（理事長王雲五）；十一月，「中華文化出版事業委員會」印行「中華民國大學誌」（列爲「現代國民基本知識叢書」第三輯，題張其昀等著），內收錢思亮「國立台灣大學」一文。四十六年，蔣總統聘錢思亮、董作賓（彥堂）、張其昀（曉峯）、梅貽琦（月涵）等五人爲中央研究院（直屬總統府，院長朱家驊）評議會第三屆評議員。四十七年四月，胡適就中央研究院院長職，同月美國國家科學院函請中央研究院推選青年科學家赴美，在各大學實驗室從事高深研究，中央研究院決定推梅貽琦（召集人）、胡適、李先聞、凌鴻勛（竹銘）、李濟（濟之）、全漢昇、錢思亮組織委員會，規劃辦理。四十八年二月，行政院（兼院長副總統陳誠）成立國家長期發展科學委員會（簡稱「科學會」；後改組爲國家科學委員會，簡稱「國科會」，主任委員吳大猷），任爲委員（正、副主任委員胡適、梅貽琦）；七月，以台大校長身份，參加中央研究院第四次院士會議揭幕禮；十二月，連任中央研究院評議會第四屆評議員。四十九年七月，與胡適等飛美出席在西雅圖華盛頓大學舉行之「中美學術會議」；十月，胡適主持中央研究院學人宿舍（即「蔡元培館」）落成典禮，應邀出席觀禮；十二月二十一日，總統蔣公伉儷假士林官邸爲胡適祝壽，與毛子水、陳雪屏、張羣（岳軍）、羅家倫（志希）等十一人應邀作陪。

五十年一月，連任國家長期科學發展委員會執行委員會委員；五月，率台大師生飛赴南韓訪問；八月，出席中央研究院第四屆評議會第二次會議，於當選爲第四屆院士候選人後，以母校清華大學校長梅貽琦同時列名爲數理組候選人，堅持自動請求撤銷提名。五十一年二月二十四日，中央研究院第五次院士會議揭幕，選出新院士梅貽琦、任之恭、何廉等七人，同日胡適在招待院士會席上心臟病猝發去世，年七十二歲（一八九一 —— 一九六二），胡適仰身向後倒下時，站在附近之錢思亮、凌鴻勛等「連忙伸出手來扶他，已來不及了」，二十五日，「胡適先生治喪委員會」成立，任委員（主任委員陳誠），在會上報告胡氏兩年來迭次住院及突然去世經過；三月二日，舉行公祭，錢思亮感懷知遇，敬輓以聯云：「十七年來共歷艱辛，常承推心置腹，示我周行，深喜交成莫逆，誼兼師友；兩萬里外同赴會議，方擬馭氣排空，從公於邁，何憶約猶未踐，遽隔人天！」四月，由王世杰（雪艇）繼任中央研究院院長；九月，赴美出席會議。五十二年一月三日，朱家驊（騮先）病逝台北，年七十一（一八九三 —— 一九六三）。任「朱家驊先生治喪委員會」委員（主任委員何應欽）。五十三年九月，當選爲中央研究院第五屆院士，隸數理組。五十八年一月，台大考古隊在台東縣八仙洞發現舊石器時代遺址。五十九年四月，王世杰獲准辭去中央研究院院長職務；五月二日，中央研究院評議會召開臨時會議，選舉第五任中央研究院院長（前四任依次爲：蔡元培、朱家驊、胡適、王世傑）院長候選人，結果錢思亮、吳大猷、閻振興當選，呈請總統遴選一人繼任院長，六日，總統府特任錢思亮爲中央研究院院長，所遺台大校長一職，由閻振興繼任；六月四日，宣誓就職，後兼中華教育文化基金董事會（簡稱「中基會」）董事長；七月，中央研究院選出八位新院士。

六十年十一月，任行政院（兼院長副總統嚴家淦）原子能委員會主任委員，任職歷時九年半。六十三年七月，主持第十一次院士會議，增選院士八人，至是有院士八十五人；冬，赴美一行，與留美院士交換意見。六十五年七月，主持第十二次院士會議，次子煦（仲和）當選爲新院士，隸生物組，父子先後膺選院士，堪稱佳話。六十九年八月，中央研究院假南港本院舉行「國際漢學會議」，參加者有國內、外學者二百七十三人，由中華文化復興運動推行委員會會長、前總統嚴家淦（靜波）致開幕詞「對中央研究院國際漢學會議的祝望」，會議分語言文字、歷史與考古、民俗與文化、思想與哲學、文學、藝術史六組；後兼「中央研究院國際漢學會議論文集編輯委員會」主任委員（委員有楊亮功、葉公超、錢穆、朱炎等二十五人）。七十年十月，撰「中央研究院國際漢學會議論文集」序，全書精裝九巨冊，另總目錄一冊，內收中、英文論文二百一十八篇（十月十日，「中央研究院」版），作爲慶祝中華民國建國七十週年獻禮。七十一年五月，中央研究院公布第十四屆院士候選人名單，備受責難。七十二年五月，由美國文化研究所所長朱炎陪同，前往西德、美國訪問，母校伊利諾大學授予榮譽科學博士學位，又在美時分五區舉行留美院士座談會；六月中旬，返抵台北，二十二日，以勞瘁過度，入台大醫院醫治；七月，主持第十五次院士會議；九月十五日下午六時四十分，在台大醫院因急性心肌梗塞去世，年七十六歲，歿後，中央研究院決定以該院化學研究所新建之一幢大樓命名爲「錢思亮館」，以爲紀念；十月三日，葬於陽明山公墓，二十二日，中央研究院評議會選出吳大猷、閻振興、余南庚爲院長候選人，並將結果呈報總統府，二十四日，蔣經國總統任命吳大猷爲中央研究院第六任院長。

錢思亮著有學術論文「立體化學研究」、「酚類化合物之殺菌能力與其結構之關係」、「有機質在無機分析之應用」等多篇，散見於國內、外學術性化學刊物，未輯集。（關志昌稿。參考：「傳記文學」第四十三卷第四期「錢思亮先生紀念特輯」、世界文化服務社「自由中國名人傳」。）

轉載自《傳記文學》（民國七十五年）第四十六卷　第一期

錢思亮（1908~1983）

「平淡無奇」的教育實踐者

◎ 李東華　楊宗霖

前言

錢思亮，字惠疇，浙江杭縣人，生於民前四年（1908）。錢思亮先生一生大半投身教育界、學術圈，雖位居顯要，但經歷卻很單純。自27歲留美歸來後，歷任北大教授（抗戰時曾執教於西南聯大）、台大教務長及校長、中央研究院院長，歿於中研院院長任內，始終在教育及學術界服務。思亮先生一生際遇比較特殊之處在於每個位置上都能久任其職，成為當代高等教育界中少見的異數。

最初層峰之所以拔擢思亮先生，重用一位與當代中國學術界淵源不深的歸國學人，固然是由於胡適的力薦（錢思亮夫人是胡

美援爲台大醫學院各項建設之重要依賴。圖爲民國四十八年美國海軍第二研究單位新裝儀器　（國立台灣大學醫學院附設醫院提供）

夫人江冬秀女士的乾女兒），但思亮先生是忠良之後（抗戰時期其父卒於上海，爲日寇所害）；北京圍城時，有幸搭上搶救學人的專機，得舉家脫身來台。加以其家世背景（思亮先生的妻舅張茲闓先生，曾任經濟部長）、個人學歷（伊利諾大學化學博士）、人格特質（忍辱負重）等，對執政當局而言，誠屬適當人選，因此思亮先生得以四十四歲之齡接掌台大，入主「自由中國」地區當時唯一的大學，相較於後傅斯年時代，喧囂塵上「擁胡」（胡適）繼任的聲浪，這項派令是頗出各界意料之外的。

思亮先生順利出線的另一考量，或許是對美窗口（美援）的因素。國府遷台初期，喘息方定而百廢待舉，韓戰爆發後，美援頓時成爲各項建設的重要倚賴，思亮先生本身有留美背景，透過胡適的牽線，即可與美國政、學界網絡有所互動，思亮先生的台大校長一當十九年（1951.3~1970.5），也正好見證了「中美關係」的蜜月期。由於美援是多多益善，因此外間流傳有關於思亮先生爭取美援的一則軼事：

「在一個有記者在座的會議場合，當錢先生一再提到美援，有一位記者寫了打油詩給同學們傳閱，詩句是：「張口美援，閉口美援；問是何故？此人姓錢」。

其後外界對思亮先生印象最爲深刻處，往往是主持大考、巡視闈場等側影，這十九年中，教育部長歷經程天放、張其昀、梅貽琦、黃季陸、閻振興，到鍾皎光前後六任，而思亮先生始終擔任台大校長，因此好一段時間，錢思亮之名幾與台大校長畫上等號。

以下將思亮先生生平，概分爲早歲經歷、出掌台大及主持中央研究院等三時期，分別論次如下：

一、早歲經歷

仁和（後改杭縣）錢氏，書香門第。思亮先生高高祖（即祖之曾祖），名霦，清乾隆45年（庚子）進士，歷官兵馬司正指揮、廣西桂林府同知，嘉慶7年（1802）6月任台灣府海防同知，10年（1805）因討蔡牽軍功，升候補府加道銜。11年（1806）並署（代理）台灣知府四月餘。14年（1809）卒於任所。是時台灣僅置一府，錢霦爲三巨頭之一，曾有功於台灣。

思亮先生本人於清光緒33年（1908，其生日爲12月6日，於舊曆仍屬丁未年，但以陽曆計已爲1908年1月9日）生於河南淅川，其父錢鴻業（字謹庵）時任官於該地。之後長於平、津，因此不會講家鄉話，致使思亮先生完全沒有省籍及地域觀念，待人處事頗得其益。思亮先生幼年罹患腿疾（骨髓炎），不能下床行走，只好延師在家學習，直至十歲時才插班就讀小學三年級，也因此造就了錢氏耐磨的性子，有著過人的毅力和韌性。十四歲起就讀於天津南開中學，前後六年，期間與知名物理學家吳大猷同窗，進而成爲一輩子的知己。二十歲以父母之命與張婉度女士結褵，婚後張氏相夫教子，所育三子錢純、錢煦、錢復各有所成，一門俊彥，在家庭教育上，思亮先生是名符其實的大教育家。

影響思亮先生攸關重大的人生轉捩點是1931年清華畢業後，獲得庚子賠款獎學金，赴美深造。據其美國同學回憶，在美修業的錢思亮，一心想儘早完成學業，因此做實驗時不眠不休，拚勁過人。爲加強美語，當思亮先生忙裡偷閒前往戲院觀賞電影時，往往趁著戲院不清場，同一部電影連看三次，回來後猶自模擬劇中人物的對白。

憑藉著這股奮發不懈的志氣，短短三年內，思亮先生接連取得碩、博士學位，以二十七之齡學成歸國，回國後即受聘爲北大教授。抗戰軍興，思亮先生隨北大先遷長沙、再移昆明，直至1941年其父遇害，方返回上海奔喪。因受阻於交通，無法再返大後方，因而就聘於上海化學藥物研究所，擔任研究員。

1946年北大復校，思亮先生重返北大任教，並兼化學系主任。1948年12月15日是思亮先生另一人生的重大轉折，他與胡適、劉崇鋐、毛子水等教授搭上國府營救北平學人的專機，得以安抵南京，隨後接受傅斯年校長邀請來台，應聘爲台灣大學教授兼教務長。關於傅與錢的互動，台靜農先生如此回憶：

> 傅先生既忙於處理校內外許多棘手問題，而教學大計則付之於錢先生。……錢先生……慎思明辨，從容擘劃，除舊與建新，使之漸入正

> 軌。……以傅先生的魄力與遠見，錢先生的縝密與寬厚，兩者契合爲同一的目標而努力，這是非常難得的。

擔任教授時期的思亮先生並非口才便給的教授，但思亮先生在北大及西南聯大的授課，深獲學生好評，尤其在西南聯大時曾被學生視爲是全校最好的七位教授之一。除了專業領域精闢的講解，思亮先生教學的敬業精神一直爲學生所津津樂道。在台大授課時期，許倬雲教授對其敬業精神有親身的回憶：

> 不久我注意到錢先生總是在上課前三分鐘就到了課室門邊。手裡抱著分子模型，他靜靜的站在課室門外，等到鈴聲一響才跨進課室。多年以後，我也在台大工作了。有一回我提起舊事，問他怎麼算得如此準時，總是早到三分鐘，不多也不少。他說他算好了由教務長辦公室到課室的步數。有此準備就不難準時了。

舉家遷台的思亮先生，當時雖是台大教授兼教務長，但微薄的薪水仍難以支應飛漲的物價，尤其家中有三個尚在就學的小孩，不得已只好每月透支薪水。其間的窘迫情狀，據與錢思亮曾在台大共事二十二年的朱仲輝回憶：

> 當時台大校長傅斯年就跟他說：「你這樣子借薪水，開了例，別人也要借，怎行呢！」錢思亮則據實答說：「不借，我就不能生活。」傅斯年去世後，由錢思亮當校長，校長的薪水只

比教務長的多一點，還是不夠一家開銷，但當了校長卻「不好意思」再透支薪水，只好向外舉債。因此朋友都知道錢思亮「窮得出名」，雖然他身居台灣最高學府之長。

二、出掌台大（1951~1970）

人生的造化難料，前任傅斯年校長竟如他的讖言：「歸骨於田橫之島」，猝逝於省參議會議場，哲人其萎，思亮先生接棒，壓力著實不小。按思亮先生個性幾與傅斯年校長互補，他沒有傅校長的霸氣和魄力，更沒有直通黨政高層的關係。但不刻意、不主動拉幫結派的思亮先生，反倒因爲沒有包袱，得以從衆多繼任校長人選中脫穎而出，循序展開其建校的工作。

思亮先生主理下的台大，雖然沒有傅斯年校長開風氣之先的恢弘氣象，但大體上，思亮先生仍依循著傅校長對台大的擘畫，「傅規錢隨」。由於個性的不同，兩人治校風格亦截然不同，思亮先生雖然少了份活力，但多了份和氣。以和爲貴的錢校長，尊重既有的成規，「穩定壓倒一切」，因而扁舟輕渡，履險爲夷，平順的做完十九年的任期。

台大前身爲日治時期的台北帝大，是以研究爲取向的大學（講座制）。原本傅斯年校長有意重振台大的研究風氣，但錢校長比較著眼於教學品質的改進。由於當時台大招生日多（原因之一爲僑教政策的考量，使台大僑生數目逐年攀高），但既有的師資、設備卻無法同步提昇。在研究經費上，亦宥於時局的緊迫而無法寬列。其他諸如圖書、儀器的添置，乃至於新大樓、實驗室的增建

民國五十年三月思亮先生主持
台大十週年慶祝活動
(國立台灣大學醫學院附設醫院提供)

等，幾乎全須仰賴美援，因此思亮先生初長台大時期最主要的工作，便是「外援」（美援）的積極爭取，以便建設台大。

初掌台大的思亮先生，依學界的輩份及倫理而言，理應難以大動作的進行人事整頓，但1953年6月底，思亮先生卻未續聘法學院盛成、鄭學稼兩位教授，法學院院長薩孟武以事前未獲知會，憤而辭職（後接受慰留續任）。翌年（1954）暑期，思亮先生擬聘任甫卸任之教育部長程天放（與錢氏爲兒女親家）及省府秘書長浦薛鳳爲教授，遭到校「聘任資格審查委員會」以程、浦兩先生「五年內無專門著作」爲由拒聘。思亮先生尊重該項決議（其時「聘任資格審查委員會」以教務長爲主席，各院院長爲當然委員，各院教授各推派二名爲委員。二名委員中一名由該院出席校務會議之教授互選產生，另一名則由校長推薦。但思亮先生每將各院教授互選之次高票者爲其推薦人選。之後亦未因此事而有任何改變）。此爲師生對錢校長任內印象最爲深刻之兩件事。其後擔任校長的虞兆中教授（1981~84治校）認爲後者顯示思亮先生自願放棄其聘任教授之權力，是台大「教授治校」的濫觴。

思亮先生無疑是最常出國的校長，時常必須接受高層的委派，出席國際會議（如1964和1965年舉辦的兩屆中美科學合作會議，1955年的國際大學會議等），一方面推動國民外交，在國際場合爭取中華民國的能見度，另一方面則在任何可以發聲的國際舞台，嚴詞斥責「匪幫竊國」。又由於思亮先生身爲自由中國台灣地區最高學府的龍頭，即使不出國洽公，也片刻不得閒，除了長期參與中國化學會、自然科學促進會等社團事務外，思亮先生還必須陪同訪華的外賓、學者晉見中央要員，他頻繁的出席各項集會活動，儼然是學界的當然代表。甚至亞盟（後來的世盟）、聯合國中國同志會、孔孟學會、公費留考遴選、電台廣播、報社家庭生活專欄等都不時邀約他參與致辭、撰稿等活動。習化學出身的他，還曾應邀參加中樞紀念孔子誕辰，在蔣總統面前，主講「孔子和我們現代的教育」（1963年）。但其實思亮先生是拙於言辭的（思亮先生的校慶賀辭和畢業訓辭每年底稿幾近雷同，尤其運動會之開場白總是「各位同學，今天天氣很好」，更爲台大同學們所熟悉。當思亮先生晚年赴美國紐約與台大校友歡宴時，開場白仍是「我以前常說今天天氣很好」，大家哄堂大笑。思亮先生接著說「可是今天天氣實在太好了，不能不說。」大家更是大笑），只是他不擅拒絕的個性，不忍拂逆對方的好意，即使再忙都儘量滿足邀訪單位的需求。因而逼使他只得不辭辛勞，風塵僕僕的趕場。

思亮先生個性溫婉，待人謙和，不愛搶鏡頭，不願坐前排。擔任主席必讓參加者充分表示意見。這樣的個性，傅孟真校長以「粹然儒者」稱之。思亮先生嘗引傅校長「平淡無奇的教育」訓勉同學，他在台大的作爲證明了他正是「平淡無奇」教育的實踐者。

以當時的台大而言，一切建設剛要起步，校務繁劇可以想見，傅斯年校長的猝逝，即與台大校務工作的千頭萬緒有關。而「壯歲躊躇」正是思亮先生最大的優勢，錢校長的秘書、司機們回憶錢校長任內事蹟時，校內案牘繁重是他們共同的記憶。

思亮先生任內曾有兩件事涉敏感的政治事件，一爲彭明敏、謝聰敏兩位的「台灣自救宣言」事（1964.9），一爲殷海光教授被迫停止授課事件（1966.8），此二事均屬政治勢力介入校園事件。當事件曝光後，思亮先生無力抵拒，難以有所作爲。其實這也難求備於他，畢竟思亮先生本人一直以「潔身自好」自期，本無意捲入政治的權鬥，在他而言，只是聽命行事的執行者，戮力從公謹守本份，這也是思亮先生一貫的作風。

三、主持中央研究院（1970~1983）

1964年思亮先生當選中央研究院第五屆院士。1970年6月，繼王世杰院長之後，出任中央研究院院長，直到1983年9月去世爲止，先後任職十三年。

思亮先生由複雜的台灣第一高等學府，轉而主持較爲單純的研究機構，似乎更符合他的性格。在其任內，思亮先生對中研院硬體的建設，成效卓著。例如增設十個研究單位；擴建院址十三甲（原廿三甲）；預算由初到任之一千八百萬元，擴增至八億元；人員由一百六十人增至近千人；尤其在任期尾聲（1980年）時更執行五年發展計畫。這些都是中研院關鍵的轉變發展。對外方面，思亮先生首開赴美召開分區院士會議的創舉（1971年，於舊金山、華盛頓分別舉辦。1973年，更於檀香山、洛杉磯、華府、

主持中央研究院十三年，思亮先生積極爭取旅美院士返國任職，協助並提昇國內的學術發展。圖爲第十二次院士會議大合照，攝於民國六十五年七月。
（中央研究院近代史研究所提供）

費城、紐約、波士頓及芝加哥等八地召開），思亮先生不惜風塵僕僕移樽就教，聆聽教言，爭取旅美院士返國任職或協助促進國內的學術發展。

思亮先生任內另一貢獻，是放寬院士選舉辦法（1973年），將之修改爲：「候選人得三組（即數理、生物、人文）綜合票數達投票人數三分之二（原四分之三）者當選」，此舉得以網羅更多的旅外菁英，並肯定較易被忽略的國內學者。

至於與政府的關係，思亮先生仍延續台大時期的態度。譬如前任王世杰院長全力抵制的三民主義研究所，在思亮先生任內終於定案設所。論者多謂思亮先生不像前任王院長之力拒，轉而屈從於政治壓力之下，接受妥協。但其實思亮先生另有應變之道。思亮先生延聘了時任中研院經濟所研究員的陳昭南先生擔任三研所籌備主任，陳先生是專業經濟學者，而非「三民主義專家」。思亮先生不任命外界所推薦之諸多三民主義專家，而由陳昭南先生出線擔任籌備主任，因此三研所設所之後，該所專研之各類主題，舉凡政治、社會、經濟、歷史等問題都有，就是獨缺研究三民主義之學者。這或許是思亮先生刻意之擘畫，既不杵逆政府當局，又能堅持學術理念，這應是思亮先生個性之具體表現。

思亮先生主政下的中研院，受益於台灣經濟產業轉型成功，經費條件比遷台初期富裕許多，因而院內若干建設亦能按步就班逐漸啟動。儘管院務推動大抵順利，但在1977年，思亮先生卻因故兩度請辭中研院院長職務。一爲中研院人員「兼職」案（時監察院接獲檢舉，謂中研院人員「兼職」嚴重。經中研院向監院提出詳細說明後，監院方決定不進行調查。其實所謂中研院「兼職」人員，多爲中央方面徵調，祇是「借調」，且「留職停薪」，並非「兼職」。另中研院爲國家最高學術機構，經常需派研究人員出國進修或交換訪問講學，故其研究人員多予留職；又中研院爲促進各大學學術交流，有與各大學合聘研究人員之制度。外界均將之視爲「兼職」）；一爲親共院士爭議案（報載若干旅美院士，在美國報章刊登廣告，主張美國政府應承認中共，此一舉動顯已違反國策，行同「叛國」，應予除名。數位院士此舉確屬不當，但中研院組織法明文規定院士爲終身名譽職，思亮先生爲此曾召集四次評議會欲處理而未果），兩者均爲思亮先生帶來相當困擾，最後決定請辭負責。但均經嚴家淦總統強力慰留。

任職院長期間，思亮先生亦有若干兼職，如出任原子能委員會主委的兼職（1971~81），一方面證明台灣對此一領域的重視（核電的開發），另一方面藉由思亮先生的學術地位及本身對原子能的專業認識，向美國人背書，保證台灣的原子科技是用在發電等和平用途，而非武器方面。

結論

評價思亮先生，必須回歸到1950至1980年代的時空環境，才能客觀符實。以其身任的台大校長而言，面對有限的校務預算，思亮先生必須不斷的爭取美援，以建設台大，他在硬體建設上的成效，至爲明顯。至於台大校務，思亮先生大體上是無爲而治、分層負責，對人事的派任力求穩定，只要找到了他認爲適當的院系負責人，就不輕言更替。

思亮先生清廉高潔、不忮不求的個性，就其自身而言，使他能行穩致遠。就台大而言，在其主政台大的19年間，台大學風平靜淳厚、在風雨中逐步立穩腳跟。

在思亮先生身上還有一點與他人不同之處，便是長期擔任校長，卻絲毫不見「官味」。思亮先生主掌台大期間，凡新聘教授的聘書思亮先生都堅持親自遞送，在尊嚴師道上，他不但以身作則，且始終如一。他的尊師重道亦可由幾件小事中看出端倪。思亮先生爲第五屆中央研究院院士，事實上1962年第四屆院士選舉時，思亮先生便以主持學術機構成績卓著被推薦爲院士候選人。不料選舉期間，思亮先生突然藉故推辭推薦，退出候選人行列。多年後思亮先生始道出真相，原來當年清華母校老校長梅貽琦先

民國五十七年二月三日「猴會」成員新春團聚
前坐由左至右：沈念祖小姐，沈剛伯夫人、沈剛伯院長、查良釗先生、李濟院士與夫人
前立由左至右：邱仕榮院長、楊思標夫人、楊思標院長、魏火曜院長、思亮先生、葉曙院士、陳炯霖主任、林天祐主任
後立左至右：陳拱北主任、陳拱北夫人、魏火曜夫人、錢夫人、葉曙夫人、陳炯霖夫人、邱仕榮夫人、林天祐夫人
（國立台灣大學醫學院附設醫院提供）

生亦名列候選人當中，故思亮先生退出。又據曾擔任中研院秘書主任、與思亮先生共事兩年的陶英惠先生曾提到：

> 記得他告訴我，他的英文名字Chien Shih-Liang中『Shih』字的拼法是錯的，正確的拼法應該是『Ssu』。我問爲什麼不改一下呢？他說，這是他的英文老師給他拼的，不便更改，這位老師是南方人，對於『思』和『師』二字的字音是不分的。我聽後肅然起敬，其尊師重道之精神，由此可見一斑。

思亮先生的缺點或在於治校作風保守、缺乏積極開創的企圖與宏遠的抱負，以致於台大未能因著既有的雄厚基礎，躋身世界級學府之林。但不同的時代環境有不同的需求考量，很難求全於一人。

思亮先生終其一生不乏社會參與，身後也得享令名（台大和中研院各有思亮館爲之紀念）。思亮先生生前每遇有機會，或不吝獎掖後進，如劉慶瑞教授等；或提拔優秀學生，如許倬雲院士等。思亮先生將其個人的黃金歲月奉獻給台大，之後更將餘生貢獻給中央研究院。在政府遷台後的三十年間，思亮先生一直是政府倚重的學術科技人才，對科學教育的推動、普及，有其一定的貢獻。或許在越混亂的年代，人們將越懷念他，一個少有聲音，少有主張，卻孜孜矻矻，埋首於案牘、奔波於校內外事務的校長。思亮先生廉潔的操守，爲自己贏得「錢思亮，不思金錢思亮節」的佳評。

參考文獻

錢思亮，《我在美國的時候》，台北：雲天，1970。

錢思亮先生治喪委員會編，《錢思亮先生紀念集》，台北：錢思亮先生治喪委員會，1985。

項潔主編，《國立台灣大學校史稿》，台北：台大，2005年6月。

錢復，《錢復回憶錄》（卷一、卷二），台北：天下遠見，2005。

《聯合報》（1951.10.6~2007~2.16），1655則相關新聞檢索。

《傳記文學》（1962.9~1998.5），124篇相關文章。

李東華爲國立台灣大學歷史系教授
楊宗霖爲國立台灣大學歷史系博士班研究生
本文取自國立教育資料館：教育爱——台灣教育人物誌II

閱覽八方 共享文化

八方文化創作室

永恆的懷念

錢思亮先生百齡冥誕紀念文集

主　　編	錢純　錢煦　錢復
企劃編輯	潘國駒　黃鳳嬌
責任編輯	何華
封面／內頁設計	李麗芳
排　　版	李麗芳
出版／發行	八方文化創作室 5 Toh Tuck Link, Singapore 596224 www.globalpublishing.com.sg
聯　　絡	65-64665775 支綫 258 chpub@wspc.com
印　　刷	World Scientific Printers
初　　版	2008年2月
國際書號	978-981-4139-85-4

八方文化創作室，簡稱八方文化，以母公司世界科技出版公司爲後盾，致力於推動新加坡的中文出版，並且放眼全球華裔的人文舞臺。我们的重心在於介紹世界各地華人學者及作家的言論與著作，同時也積極推動各類藝術與文化活動。八方文化期望以出版良心作信念，以高素質爲訴求，爲各地中文讀者開啓多一扇東西文化的窗戶，共同努力營造一個富有質感和充滿活力的人文空間。

世界科技出版公司總部及海外分公司

總部 (新加坡)
World Scientific Publishing Co. Pte. Ltd
5 Toh Tuck Link
SINGAPORE 596224

新澤西
27 Warren Street
Suite 401-402, Hackensack
NJ 07601, USA

倫敦
57 Shelton Street
Covent Garden, London
WC2H 9HE, ENGLAND

北京
中國北京大學數學科學學院
理科2號樓2526W室
郵編100871

上海
中國上海灘國際大廈
黃浦路99號2003室
郵編200080

香港
九龍中央郵箱72482
香港

台北
台灣省台北市10091
羅斯福路四段
162號8樓

真奈
No. 16, South West Boag Road
T. Nagar, Chennai 600 017
INDIA